日本唯一以「習慣養成」爲宗旨的顧問公司CEO
古川武士◎著
李友君◎譯

用寫的冥想法

書く瞑想

寫下不安，問題就會從
「該怎麼辦」變「就這樣辦」。
每天 15 分鐘情感筆記，
超過五萬人證實有效！

大是文化

目錄

你可以直接先看第二章，再回來從前言開始讀，
你會立刻想從今天就開始寫。

第2章 寫就好，別想 49

第3章 捨棄不要的，留下重要的

第4章 寫完之後，一個月回顧一次

第6章 用寫的冥想，持續就是力量 167

首先，拿起筆寫下文字吧。

腦內浮現出什麼，就只管寫下來，不需要多想，

直接寫下內心湧現的想法就好。

這麼一來，就會發覺以往沒能覺察的事情。

傾聽內心的聲音，與自己對話，深入的了解自己。

寫，讓我們能看見重要的事物，還能梳理思緒，讓我們的想法不再混亂。

寫，是為了恢復自我。

寫，是要深入了解自己。

改變人生的力量，其實就在自己的心中。

在心理學、社會學、腦神經學等不同的學術領域，已有不少研究證實，寫字對身心健康的顯著幫助。這本書從三種層面探討書寫的好處：

理心靈——減少不安、焦慮、自我厭惡的情緒。

理生活——改善慣性熬夜、每天瞎忙、生活一團亂的窘境。

最後是理人生——找出人生目標、釐清自我價值觀。

書中透過每一個人都能實踐的書寫方法，教你如何用寫字整合日常生活與人生目標。如同前幾年紅極一時的《怦然心動的人生整理魔法》，書寫就像為人生進行一次深層的斷捨離，幫助你建立更輕鬆、愉悅的生活模式，推薦給想重新對人生感到怦然心動的你。

——Vidamore 共同創辦人／Lillian

前言

每天十五分鐘情感筆記，超過五萬人證實有效！

每天要做的事堆積如山，總讓我們頭腦一片混亂，身心陷入焦慮。

你曾想過將這些問題一掃而空，擁有更輕鬆、簡單的生活嗎？

「總是感到不安和焦慮，內心毫無餘裕。」

「一直做該做的事，導致沒時間做自己想做的事。」

「早上起不來，晚上睡不著，好想改變現況……。」

「腦內充斥負面想法，讓人精疲力盡。」

「我連思考『自己想做的事情是什麼？』的時間都沒有。」

相信很多人都有這種感受，不論內心、生活，甚至人生，一切都顯得一團糟。儘管日子匆忙，內心卻很空虛，沒有充實感。

為了幫助有這些想法的人，本書整理並介紹，如何透過「寫」來整理身心，進而活出屬於自己的人生。

根據研究顯示，書寫具有各式各樣的功效，能抑制不安或壓力，還可以挖掘出自己不曾覺察的深層情感，而非有意識的思考，當我們能看見自己的情感，就能客觀的認識自己。只要將焦點放在情感上，便能解決那些困擾自己許久的煩惱。例如**谷歌（Google）公司，正是以推動員工寫筆記（journaling）來實踐正念。**

本書要藉由「用寫的冥想法」，達到以下三道目標：

● 理心靈

透過書寫，可以消解和減少每天的不安、焦慮、後悔、糾葛、自我厭惡、憤怒等負面情感。另一方面，花時間感受我們忽略的事物，例如感恩、同情、成就、覺察、學習與成長，即使是再瑣碎的事情，內心也能因此獲得滿足。

● 理生活

老是熬夜、賴床到最後一刻、每天空忙、找不到時間做想做的事……假如沒有掌握好自己的步調，就會陷入惡性循環，生活自然一團混亂。

除此之外，要是不斷增加待辦事項，人們很容易因為「沒時間」、「沒有餘裕」，而什麼事都做不了，結果就是，因為什麼事都做不到，導致自我厭惡、沒有成就感，內心變得容易慌亂。

透過本書提供的方法，能幫助我們回顧之前的生活，找出重要事物並刪除不必要的事物，這麼一來，生活就會調整過來。

● 理人生

即使日子變得輕鬆，人生也不見得充實。這種情況在我們遇到人生危機時，內在（心靈）和外在（現實）不契合，讓人更能感受到落差。

這時就需要探求「我的人生目標是什麼？」、「我在追求什麼？」，其實這些問題的答案，就深藏在我們的心中。只要藉由「寫」，跟自己對話，自然就可以找到解答。

我身為習慣養成顧問，秉持讓更多人體會「改變人生的感動」，不斷的開發方法、個別諮商、企業研習超過十年，迄今寫過二十一本書，銷量累計九十五萬冊，並在中國、韓國、越南、泰國、臺灣發行十萬冊以上的譯本。

此外，我還結合企業研習等活動，幫助超過五萬名商務人士成長，並協助超過一千名個案培養習慣。

怎麼改變人生、怎麼豐富自己的生活，我從養成習慣的觀點持續探索，最後得出的結論，就是「書寫」。

改變，從覺察開始

人生的變化從覺察（awareness，又指意識、認知）開始，這是真正掌握變化的契機。當你能自我覺察時，行為與思考習慣及人際關係，便會出現驚人的變化。

那麼，該怎麼做才能獲得這項能力呢？其實答案就是藉由書寫，好好的感受自己，並持續跟自己對話，如此一來，便可覺察重要的情感、發現自我，進而豐實生活和人生。這也是為什麼本書取名為《用寫的冥想法》。**實現這一點的書寫方法，則稱為「情感筆記」**，這套方法大致上按照三道步驟進行（見下頁圖1）。

步驟1　書寫冥想

首先，只須專注於當下感受到的負面和正面情緒，然後寫下來。

雖然人的內心每天都會變化，不過**屬於自己的簡單生活基準，其實就隱藏在每天零碎的紀錄當中**。

另外，書寫能使我們更了解自己的性格，以管控壓力或動力。

圖 1　情感筆記的三道步驟。

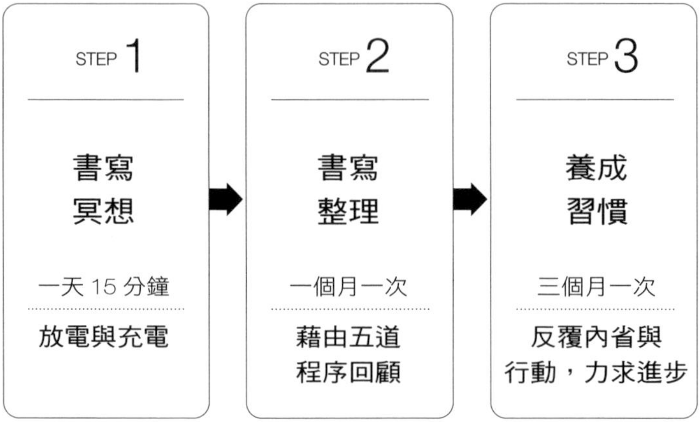

步驟2　書寫整理

不過，單純的記錄內在變化，無法深刻意識到自己的內心。我們還需要客觀審視和整理紀錄。

在這個步驟，就是要**從每天的紀錄**（步驟1）**裡，觀察出自己有什麼行動模式，深層價值觀是什麼**，每個月一次，找出時間好好面對這些問題。藉此就可以深刻的意識到許多以往不曾注意過的事情。

步驟3　養成習慣

自我對話能讓我們更認識自己，並以此為契機，來改變心靈、生活及人生。為了進一步提升效果，重要的是，重複自我對話和採取行動，讓這兩個動作相互影響，並得以發展。而藉由採取行動，我們能發揮感受能力，透過與人接觸和話語，從中找到生活方向。

此外，我們要持續進行這套方法，不斷探索，讓自我對話和行動進入動態循環。因為追求更適合自己和更豐富的生活，是沒有盡頭的。

寫，隱藏三種精華

情感筆記，隱藏三種不同的精華（essence）。

第一種是我的親身體驗。我實踐情感筆記超過十五年。過去，我總是因為不曉得自己想做什麼，掌握不到人生方向而倍感糾結，「我是誰？」、「我想做什麼？」、「要從哪裡開始？」，在我不斷摸索的過程中，書寫總是幫助我探索及實現目標，接著朝下一個目標前進。回顧這些年的歷程，我達成很多目標，這並非一次完成，而是逐一判斷、實踐、持之以恆的結果。

第二種則是心理學和東方先人的智慧。**情感筆記奠基於認知心理學、腦科學、行為科學的實例及其他科學根據。**本書在講解「寫」的意義或功效時，也會以科學證據為基礎。

這套書寫法並不是將人生教練、NLP（Neuro-Linguistic Programming，身心語言程式學）、認知科學或其他方法全部混在一起，而是萃取各個技巧的精髓，構思出來的獨門絕活。我想強調的是，情感筆記是以先人的智慧為基礎，包含心理學、禪修及其他東方的思想。

第三種是在諮商現場實際發揮的效用。

迄今為止，我擔任超過一千人的人生教練，並透過實際參與他們的人生，根據經驗和建立體系而開發出這套技巧。

我見識過各種的人生轉機：「從學校老師改行當爵士樂歌手的人」、「從七十七歲起尋找生活意義的人」、「研究員在煩惱之後改行當獸醫」、「獨立創業的人」、「再次對現在的工作燃起鬥志的人」。要改變人生，就需要歷經適度的混沌（試錯（按：trial and error，嘗試錯誤的簡稱。在過程中，選擇一個解法應用在待解問題上，若經驗證後失敗，再選擇另一個可能的解法並接著嘗試。整個過程在其中一個嘗試解法產生出正確結果時結束」和內心糾葛）。

每年都有學員來找我諮商、尋找自己期望的目標。這需要訣竅，而最好的方法就是活用情感筆記。

許多人進行這個方法後，紛紛傳訊息給我：

「寫下不安之後，鑽牛角尖的次數就減少了。」

「我花一個月養成一項習慣，成功找回生活主導權。」

「我學會如何冷靜的分類該做的事情。」

「當我改善生活步調，身體狀況就改善了。」

「我不再什麼事都往負面想，即使是瑣碎的事，也能感受到感謝和幸福。」

「我逐漸找到自己想做的事了。」

當你開始寫情感筆記，不斷釐清現實、整理內心，許多問題就會從「該怎麼

辦」變成「就這樣辦」。

只要還活著，與自己的關係就不會終止。

就像坐禪一樣，養成書寫這項簡單的習慣，就可以追求自我實現。

從「生活作息糟糕」到「良好的生活步調」；從「想要改變沒用的自己」到「感受自己的成長」；從「人生充滿窒息感」到「活出自己的人生」。

本書的方法就是針對這種想要改變的人而存在。

本書的最終目標是：「透過自我對話，輕鬆活出屬於自己的人生」。

情感筆記，能幫助你改變自己。

第1章

寫，就能
理心靈、理生活跟理人生

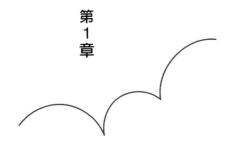

內心、生活、人生陷入混亂時，會是什麼狀態？使用用寫的冥想法後，又產生什麼變化？我們先來看看下面這個案例吧。

江畑理惠已經當小學老師十五年了。她每天只在學校和自家之間往返。小學老師工作繁重，除了跟小孩和家長打交道，還有許多行政工作和校務要處理，回到家時，往往已經晚上十點了。

七年前，江畑的壓力達到極限。她開始暴飲暴食、上網解悶，結果嚴重影響睡眠時間和品質，體重只增不減，身體狀態一天比一天還差，形象也因此變糟。

再加上，她希望能「自主做決定和自由的做事」，不被規則束縛。結果招來校長反感，與同事產生摩擦，職場上的人際關係不太順利。屢屢遭到中傷，甚至被校長勸戒。

最讓江畑難受的是，生活忙歸忙，卻毫無充實感，無法全心全意的投入工作。教師生活來到第十年，一直懷著空虛感工作的她，忍不住這麼想：「其實我根本不想當老師吧？」

「我到底想做什麼？」

圖 2　當你的腦袋與內心都很混亂時，生活就會一團糟。

「為什麼我滿腦子只能想到這些不好的事？」

「我只是想要逃避現實嗎？」

江畑的癥結在於以下三大問題：**內心空虛、生活步調紊亂，以及對於人生感到窒息**。她的內心和情感十分混亂（見圖2）。儘管每個人的狀況都不太一樣，一旦情緒像骨牌效應般惡化時，各種煩惱會全糾纏在一起，在這樣的狀態下，不論是誰都很難整理心靈。

這個時候，我推薦她透過情感筆記來進行用寫的冥想法。從結論來說，現在的她在小學擔任音樂教師，同時以音樂家的身分進行歌唱活動，每天過得很充實。她積極舉辦個人演唱會，隨即成為唱片公司旗下的歌手，還成功推出首張專輯，持續挑戰自我。此外，她以「讓孩子透過音樂散發自身光輝」為使命，重新找到人生意義，繼續當老師。

江畑利用寫這個動作，持續跟自己對話，找到了自我，才能得到這樣的結果。當然，這並非一朝一夕就能產生劇變。剛開始嘗試情感筆記的第一年，能整理內心；三年後，則能專注在理想的工作和活動上；到了第五年，就打造出讓自己活躍的舞臺。

即使剛開始的每一步看起來微不足道，但靠不斷內省和調整行動，一年、三年、五年……你能漸漸覺察自己想追求什麼。接著只要描繪理想然後展開行動，內心、生活及人生就會逐漸改變。

情感分三層次，每個人狀態不一樣

有些人對於情感，只有模糊的認知。事實上，情感一詞在心理學上也沒有明確的定義。在本書中，我對這個詞語的解釋如下：**頭腦浮現的是「思考」，內心湧現的叫做「情感」**。

而人的內心情感如下頁圖3所示，由一層又一層的要素堆疊起來。心情、感覺、需求、欲望、願望及價值觀等同時存在，這些要素互相影響，進而讓我們產生各式各樣的情感基調。

只要先寫下各種混亂的情感，然後依照圖3加以分類，就能好好的整理自己的感受。

首先是心情和感覺。舒服、開心、痛苦、煩躁、不安……這些情感具有流動性，我們每天都會因為各種因素，而產生到不同情緒。

其次是需求和欲望。想吃、想睡、想跟誰在一起（不希望感到孤獨）、想要獲得認可……美國心理學家馬斯洛（Abraham Maslow）稱這些為匱乏需求，也就是我們心中共通的生理需求、安全需求、社交需求及尊嚴需求。要是這些需求沒有被滿足，心情和感覺就會受到影響。

最後是願望和價值觀。這是自己的真正期盼，是內心深處的祈願，我們通常會

圖 3　人的情感很複雜，由各種要素組成。

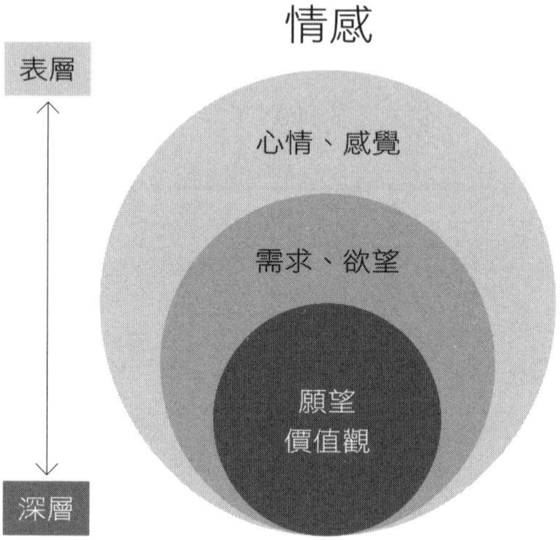

稱其為使命、夢想或者是理想。由於願望會依循價值觀，在內心深處產生深厚情感，進而成為我們生活意義和工作意義的泉源。

人的內心很複雜，從表面因素到深層原因，因為不同層次的情感全混在一起，導致我們往往很難順利理清自己的感受。除此之外，要是沒有整理表層的情感（心情或欲望），最深處的願望或價值觀就不會顯現出來。

而書寫，可以幫助我們逐一分辨和整理。

書寫，跟坐禪有同樣功效

坐禪，是藉由維持一個簡單動作，能讓精神統一，逐漸整理心情。書寫也具有同樣的功效，只要養成書寫習慣並持之以恆，就能修復自我，進而管理自我，同時發現沉眠在內心深處的最初願望和價值觀。

在詳細說明情感筆記的寫法之前，先來看看書寫能在我們的心中，引發什麼樣的變化。

●寫，等於理心靈

我們每天會被不安、操心事、後悔、糾葛、自我厭惡、憤怒及其他負面情感擾亂。我們的心情，會因為每天的事件、人際關係及旁人的話語而有所起伏。就像受波浪影響，而不斷搖擺的船隻一樣，光靠蠻力無法改變任何狀況。

即使列出待辦事項，我們在忙得不可開交時，根本沒有多餘的力氣來面對有關心靈的問題。所以，我們才需要書寫，將擾亂心靈的事物轉化成文字，藉此分割出自我和內心，以客觀的審視自己（也就是內觀，觀察事物真正的面目），這麼一來，就能擺脫不安，維護心靈健康。

關鍵不是思考，而是要聚焦於情感上。當你把目光放在自己的感情上，寫下內心狀態，就可以輕鬆做到自我維護（self maintenance，檢查自己的狀況，並修正異常，以維持良好的狀態）。

●寫，就是理生活

房間亂到不知該從哪裡開始整理；睡前滑手機，不小心因此熬夜；因為睡眠不足，導致工作停滯不前，每天要靠能量飲料撐過去。雖然覺得這些行徑對身體不好，每天卻還是過著紊亂的生活……。

不論是誰，都碰過上述的狀況，就算想改善，卻不知道該怎麼著手。

為了讓生活擺脫像這樣的惡性循環，需要用文字一一記下目前的生活，如此一來，就可以客觀的細察平常狀況。舉例來說：

- 早上睡過頭，急急忙忙的出門。
- 因為睡眠不足，所以白天老是打瞌睡，依賴能量飲料和咖啡。
- 晚上也很擔心工作，不停查看電子郵件。
- 只要在睡前看影片，就很難入睡。
- 因為吃太多和喝太多，胖了十五公斤。
- 沒辦法運動。

雖然沒有必要一次改變全部，總之先寫下來，然後冷靜的俯瞰整體情形，思考生活糟到什麼程度，造成這些狀況的原因之間有什麼關聯，最想要改變的是什麼。

「養成習慣的鐵則，是**一次只養成一個習慣，而且要從容易做到的事情著手。**」也就是說，鎖定要處理的目標。然後一次處理一個，問題就會慢慢改善。但不顧一切的想立刻解決所有問題，是人之常情。

所以我才建議要每天寫字，讓自己在這段過程中，隨時留意自己的狀態，一步步的改善問題，以養成新習慣。而寫這個動作，也會成為激勵自己的重要工具。

● 理生活之後，就開始理人生

任誰都會在某段時期遇到人生危機或停滯期。例如，我正在諮詢的個案中，就有五種停滯期。

1. 二十幾歲後半到三十幾歲前半，進入公司未滿十年。
2. 因孩子長大，不需要再花精力照顧他們，開始煩惱下一個職涯。
3. 從現場工作晉升到管理職的時期。
4. 從四十幾歲後半到五十幾歲，覺得自己在組織沒辦法繼續升職。
5. 退休之後，為尋找工作以外的生活意義，而感到迷惘的時期。

漫長的人生中，很少有人不管在什麼時期都不迷惘。

那麼，該怎麼做才好呢？

美國心理學大師卡爾．羅哲斯（Carl Rogers），在著作《成為一個人》（*On Becoming a Person*）中寫道：

「我的人生目標到底是什麼？」、「我該追求什麼？」、「我有想達成的願望嗎？」——幾乎每個人都曾經問過自己這類問題，有時候在平靜中沉思，有時候則痛苦、不安或絕望的想著……每個人都應自己提出這些問題，然後以自己的方式尋出答案。

這裡的關鍵在於自我對話。深入探求價值觀、熱情、願望以及使命，釐清人生的中心價值觀，透過提問，就能逐漸看出真正的目標或生活方式。

假如內在的真實自我和現實一致，就可以捨棄人生中不要的東西，為了珍貴的事物而活。

「什麼是真實的自我？」就算滿腦子想著這個問題，也會因為得不到解答而感到厭煩。所以要利用文字與自我對話，一步步的找出答案。當然，這無法一次就成功，所以需要秉持欲速則不達的精神，踏實而穩健的跟自己對話，才能了解自己，進而改變生活方式。

將自身感受或直覺以文字和話語形式呈現，便能深入挖掘心靈的反應。**重複幾**

次這個動作之後，自我就會變得越來越明確。

寫，有三種功效

光是把感受和想法用紙筆記下來，就可以從紛雜的思緒中找到解決問題的線索，重新認識自己是什麼人、期盼什麼。

為什麼書寫會發揮這麼大的效果？還能整理心靈或生活，進而改變人生？

這是因為書寫具有三大功效。

●覺察，產生洞察和靈感

我認為「人只有覺察之後才會改變」。而情感筆記是幫助我們獲得真正覺察能力的工具。

覺察可分為洞察力（insight）和靈感力（inspiration）兩種。

根據辭典中的解釋，洞察力是「觀察事物，看穿其中的本質或底細。預見未來發展」。透過這項能力，人們能在生活模式或人際關係出現問題時，看出問題背後的深層原因。

舉例來說，假設你意識到自己暴飲暴食，長時間滑手機的真正原因，就在於對工作感到不安所導致的壓力。那麼，接下來要做的，不是刻意減少食量或滑手機的時間，更根本的做法是養成習慣，花時間注意自己的壓力狀況。

不過，人並非總是能馬上察覺問題背後的真正原因，雖然有時會很快的注意問題，並找出解決方法；但更多時候，人們會在某件事上鬼打牆好幾次，才會察覺自己的狀況。

想要看出自己心目中深切重要的事物是什麼，就需要提升洞察力。

而靈感力在辭典中的解釋，是「為了達成某件事情的巧思或想法。偶然的領悟」。也就是說，這項能力是面對每個問題或原因，思索解決方案時，突然冒出來的想法。例如，牛頓（Isaac Newton）看到蘋果落下的光景，發現萬有引力；或是阿基米德（Archimedes）在入浴時，忽然想到浮力的原理，脫口說出「我發現了（Eureka）」等軼事，都是發揮靈感力。

某種程度上來說，在試錯中摸索及苦惱的時期，敘述產生的發現和感知，就是靈感力。

情感筆記能協助我們培養和提升洞察力和靈感力。

●整理，釐清重要和不要的東西

用一句話敘述整理祕訣，就是留下重要的東西和捨棄不要的物品。其實，整理內心也一樣。換句話說，就是看透生活和人生中重要的是什麼，捨棄除此之外的事物。人的時間和精力有限，決定時間要花在什麼地方，要戒掉什麼，也等同於整理內心。

整理的基本原則，是將手邊的東西統統拿出來，分類要和不要。同理，整理內心要將心聲統統記下來，依照基準來劃分。但這個動作並不簡單，因為想要劃分重要和不要的事物，首先需要釐清基準。

辨別重要事物的基準是什麼？答案是「情感基準」——重要的東西，不要的東西，答案會依每個人追求的事物而異。

當然，理想的人生和生活，也會因為追求的事物而改變。所以才要藉由書寫來整理和探究自我。

自我認知，明白自己深切追求的是什麼

了解自己深切追求的是什麼，說穿了就是自我認知。而情感筆記重視的，就是依靠書寫來提升自我認知能力。

內觀研修所長吉本伊信這樣說道：

了解自我，也會扭轉我們以往的人生。假如忘記這個關鍵，注意力就會被自我以外的事物奪走。

人們可以仰賴書籍和其他外物來提高學識，卻沒有任何文獻具體記載如何提升自我認知。所以我們必須自行探求，從內在學習。為了凝神細觀自我，正確而不偏不倚的掌握自身的形象，只能獨自徹底面對自己。

——三木善彥，《內觀療法入門》序文

若**試圖在別人身上尋找自己人生的答案和價值，也只會徒增混亂**。因為生活方式、幸福的標準，只存在自己的心中。假如不能正確的認識自己，自然找不到讓自己滿意的生活、人際關係或人生的方向。

一邊寫情感筆記，一邊反覆自我對話，就能加強自我認知能力，了解內心所有情感。

自我認知在心理學領域中，被稱為情商（EQ，Emotional Intelligence），提倡情商的心理學家丹尼爾．高曼（Daniel Goleman），將自我認知定義為「了解自身的內在狀態、偏好、才能及直覺」。

創辦谷歌自我開發課程「搜尋你內心的關鍵字」（Search Inside Yourself，簡稱SIY）的陳一鳴，提到這項定義的優點在於，「指出了自我認知，是超越對個人當下情緒經驗的理解，而延伸到更廣的『自我』層面，如了解自己的優缺點，並能提取自己的內在智慧」。

我也贊成這個說法。

假如把心靈比喻為海，並將目光投向海面以及水深三十公尺處，我們能看到的景物會完全不同。平時的心情位在表層（海面），而價值觀和使命則沉眠在深層（水深處）。

我舉辦為期一年的人生教練課程已經十年了，擔任人生教練之後，我發現來到這裡的人往往不清楚自己想要做什麼，而且當一個人內心深處的期望和現實，差距越來越大時，就會對人生越加迷惘。

內心深處期望的是什麼，只能從內在探求答案。只要正確且充分的了解自己，提升自我認知的能力，答案會越來越清楚。

心理學和社會學家都已證實有效

不少心理學或社會學的學術論文已闡明寫字的功效。我在前文中介紹了一些，現在我要在這裡介紹三個具代表性的作用。

●淨化負面情感

德克薩斯大學博士詹姆斯・佩內貝克（James W.Pennebaker），以「表達性寫作」（expressive writing）為題進行實驗。**受試者要在每天工作後或就寢前，花二十分鐘寫下自己的情感。**

從實驗的結果可知，受試者的心智成長，憂鬱或不安等負面情緒會在幾星期到幾個月內有所改善，受試者能發現壓力漸漸減少。另外，**一個月內血壓會下降，提升免疫力。**

造成不安或緊張的欲望、情感或衝動，透過言語或行為得到解放，這在心理學術語上稱為淨化（catharsis，又譯宣洩）。藉由淨化讓症狀消失的現象，則稱為淨化效果。

實驗已經證明，一旦腦海中浮現煩惱或令人難受的事情時，只須將自己的負面情感寫在紙上，就會出現上述的效果。

● 客觀審視覺察的作用

擔任維吉尼亞大學（University of Virginia）教授的社會心理學家提摩西・威爾森（Timothy Wilson），談到書寫具有將負面思考，轉變成正向思考的力量。

他拜託婚後的伴侶寫下生活的煩惱，結果發現，**寫下煩惱的夫妻比沒寫下煩惱的夫妻，更能感覺幸福。**

光是寫下煩惱，幸福感就會提高。

藉由文字，我們可以看見平時肉眼看不到的情感，如此一來，便能客觀審視自己所思所想。俯瞰自己的情感和思考，就能有了嶄新的見解和理解。進而了解自己，然後懂得感謝，瑣事中也能感受到幸福。

● 寫下來，就能意識到答案

在教練學，有一個名詞叫作自泌（autocrine），意思是自己說出的話，會對自己的內心產生影響。這個詞原本是醫學術語，指「體內自行分泌」。

事實上，透過書寫，也能從自己的內心中「分泌」答案。將所有想法和感受寫出來、說出來，就會注意到以往不曾感受到的心情及其深層的理由。

無須接受別人的建議，只要把想法一字一句的寫在紙上就可以了。書寫能幫助我們脫離原本的思考方式，想到以往想不到的事。

用手寫，不要用打字

我建議手寫情感筆記。

有些人對此有疑問：「現在科技這麼發達，為什麼不能利用數位方式來做筆記，而要手寫呢？」假如沒有讓人信服的理由，有些人就無法持之以恆。接下來，我們就來看看手寫有哪些龐大的功效。

若想輕鬆且迅速記錄事情，數位工具確實比較方便，但手寫在紙上，卻能刺激大腦、增加創造力和洞察力。

在此要從「基底核」（按：是大腦深部一系列神經核團組成的功能整體。目前所知其主要功能為自主運動的控制、整合調節細緻的意識活動和運動反應。它同時還參與記憶，情感和獎勵學習等高級認知功能）和「內臟感覺（按：來自附在內臟上的神經。情感通常與人的內臟反應結合，能提供我們回饋，告訴我們身體內部發生什麼事，例如，難過時會沒胃口等）」這兩個關鍵字，來解釋手寫的作用。

腦科學家馬修．利伯曼（Matthew Lieberman）曾經證明大腦基底核，是潛在學習（latent learning）和直覺的神經基礎。

另外，心理學家丹尼爾．高曼曾說：「當我們的大腦面臨生活中各種大小情境時，基底核會彙整出決策原則，協助我們做決定……各個領域的人生智慧都儲存在基底核中。」

換句話說，直覺或潛能學習（按：個人在無意學習時，獲得反應的學習效果）是在基底核進行。更詳細的解說就交給專業書籍來解釋，總之，在這裡先記住，誘發人的潛在能力、直覺或覺察（洞察和靈感）的關鍵，就是刺激基底核。

從結論來說，刺激基底核的方法，就是「動手寫字」。

根據丹尼爾．高曼的說法，基底核沒和掌管言語的大腦皮質相連，所以無法藉由言語來傳遞刺激。但基底核和情緒中樞及內臟相連，所以基底核能以某種感覺形式，來告訴我們「這是對的」、「這是錯的」這種直覺性的感受。

比起只在腦子裡思考，邊活動邊思考更能刺激基底核，也容易湧現靈感。這也是為什麼，手寫能使我們更容易覺察、產生新的聯想。

數位工具適合用來組織、匯整資訊，但若想自由的發揮創造力，獲得更強大的覺察能力，手寫比較有效。

另外，卡爾．羅哲斯還強調內臟感覺對於覺察的重要性。

日本心理學家諸富祥彥，曾在著作《卡爾．羅哲斯：心理諮商的原點》說明：「內臟感覺遠比邏輯思考更精緻，更能準確判斷」、「從自己的內臟感覺出發，將這份感受組織成話語，再依照內臟感覺生活，人就會活得更深邃、更聰明」。

要深刻感受內在，就要重視契合內心的感覺和情感。這與情緒中樞有關。

說起來就是用「心」傾聽，許多的智慧沉眠在內在中，是產生人生方向或提升洞察力的泉源。然而，許多人只會邏輯思考，結果越想越迷糊。為了擺脫這種情況，我們要習慣以自身的內臟感覺為線索，深刻感受自己正感覺到什麼，正在追求什麼。

手寫情感筆記，就是為了琢磨體內這些感受。這個動作會帶給基底核更多刺激，發揮我們潛在直覺，讓情感和內臟感覺變敏銳。

當然，這麼說並不代表數位工具完全沒有價值，事實上，活用數位工具有助於整理思維。例如，藉由數位工具整理手寫內容，能讓我們察覺更多資訊。但若想深入探索價值觀、開創人生，最好利用紙筆。

情感筆記重視的是開發出適合自己的方法，因為持之以恆是最重要的。關於這一點，我會在最後一章詳細介紹。

谷歌員工這樣抗壓

情感筆記，能協助我們整理情緒和心情，釐清和滿足需求和欲望，並從願望和價值觀中描繪未來。我在前言曾簡單提過這點，接下來會再詳細解說情感筆記。

情感筆記很簡單，首先回想浮現在腦海的事物，然後直接寫下來即可。**谷歌員工也會利用寫筆記來減輕壓力**，可以說，這個方法在商界也廣受矚目。筆記法的美妙之處，在於藉由手寫進行冥想。這在面對內心時相當有效。

要注意的是，單純寫下心情，並沒辦法讓我們有所改變，甚至會因為感到厭煩而不想做下去，無法再進行自我對話。

為了避免發生上述情況，本書的情感筆記法分成三個步驟，重視書寫帶來的冥想效果，同時藉由整理每天的紀錄，讓我們能更能意識到自己真正想改變的部分。

步驟1　書寫冥想

首先，**單純的把內心話語、情感及思考統統寫下來**。不需要審查字句寫得好不好，這麼一來就能發現每天的行動和思考模式。

書寫時，注意力要放在心靈和情感上，而非浮現在腦海的邏輯或思考。

第二章會具體解說做法，書寫冥想是藉由天天寫下「放電」（讓精神變低落、失去能量的事）和「充電」（能振奮精神的事）日記，來面對自己的內心。

步驟2　書寫整理

人類的變化，從覺察開始。在這一步，能透過**整理前一個步驟寫下的內容**，讓我們逐漸覺察（意識）到問題。經過整理，便能綜觀和客觀審視不安或煩惱，進而擺脫負面循環，還能探索自我，最後就可以發現想做的事情。

這個步驟每個月要進行一次，透過「影響圖」、「價值觀地圖」、「理想願景」、「行動計畫」、「養成習慣計畫」等五個程序，能讓我們有系統的整理書寫內容。第三章和第四章會穿插實例加以介紹。

步驟3　養成書寫習慣

情感筆記的目的，在於從長期觀點來告訴大家，一個人要戰勝負面情感，發現真正想做的事，答案並非只是發現，而是要有所行動，設法讓自己成長和進化。也就是說，除了寫下和覺察情感之外，還要為解決問題，實際展開行動，並注意行動是否需要改善，如果有，就調整做法，然後重新行動，此以形成正向循環。

最終章會示範養成習慣專家長年從事人生教練時，使用的成長循環（如一七〇頁圖），說明持續書寫的習慣，能讓自己的層次提升到什麼程度。

藉由長期自我對話和行動，就能了解自己，摸索出真正的願望。最後人生就會變得簡單又充實。

手寫，感受自己情緒一步步好轉

在紙本上留下文字，可以讓人心情舒暢、調整生活習慣、發現自己真正想做的事……每個人書寫的目的各有不同。這些既可說是各人的需求，也可說是自我提升的階段。因此本章的最後，會說明情感筆記的作用（如左頁圖4）：

●自我修復

生活、心靈、工作及人際關係陷入負面狀態時，不要強迫自己一定要用正向態度去面對，而是要著重在治癒上。首先整修和恢復自我和心靈。

圖 4　情感筆記有三大作用。

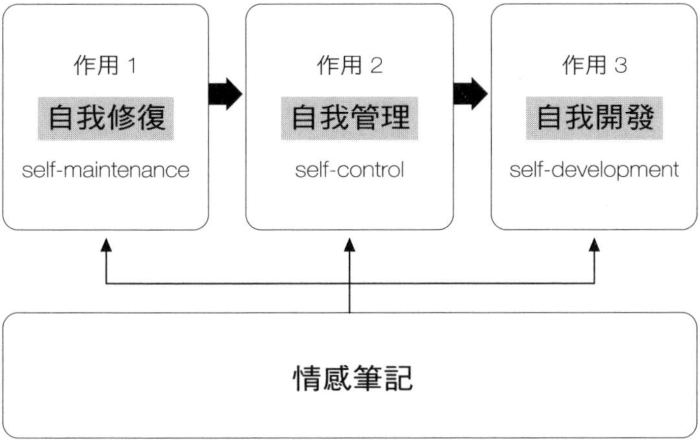

●自我管理

整修到某種程度，消除負面狀態後，漸漸的，會感覺自己能掌握生活。這個階段要管理自我。然後要慢慢掌控生活和時間，建立自己的節奏。

●自我開發

確實掌控生活後，自然會希望進一步提升自己和人生，找出真正想做之事。

藉由持續做情感筆記，就可以逐步修復身心、管理自己及開發自我。

認清自己正處於什麼狀態，再依照狀況來調整生活，有效率的提升自己。

第2章

寫就好，別想

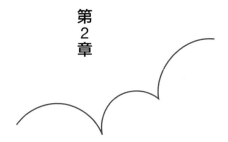

說到認識自己，許多人總會想起求職前所做的自我分析。

進行自我分析時，是左腦（主掌語言、寫作、演算、邏輯等功能）在活動。我並不是要否定經深度思考的分析方式，但若以內心具有三種自我——思考的自我（頭腦）、情感的自我（心靈）、身體的自我（器官，也就是內臟感覺）——為前提，就會開闊自己的視野。

想真正的認識自己，需要和頭腦、心靈及器官溝通，然而，人們進行自我分析時，往往只和頭腦溝通，忽略了其他自我。所以，儘管做了分析，到頭來我們還是搞不懂自己要的是什麼。

因此，我不打算把透過情感筆記進行的對話，稱作自我分析，而稱為「自我感受」。因為**情感筆記並非有邏輯的做紀錄，重點是要好好的感受自身一切，不要藉由思考來過濾內心湧現或馬上想到的話語**。可是，若沒有刻意為之，其實很難做到這一點。因為人們已經養成在工作或日常生活中思考的習慣。但就如建立邏輯思維，需要做「不重複、不遺漏」（ＭＥＣＥ，Mutually Exclusive Collectively Exhaustive）的訓練一樣，自我感受也需要一定的練習。

請記住，做情感筆記時先停止思考，將我們的注意力放在內心浮現的話語。

心裡冒出什麼，就寫什麼

用寫的冥想法之目的，是為了面對每天的情感，不讓頭腦（意識）干擾心中浮現的話語，並將感覺直接寫在紙上。

冥想的意義是「沉靜心靈，達到無心境界。放鬆，深入而安靜的思考」；用寫的冥想法，則是直接面對內心，深入而安靜的摸索心靈和感受，然後將其轉換成言語或文字，以進行對話的過程。

藉由書寫就能冥想的方法，一般來說稱為筆記法。

筆記法因為谷歌實踐正念研習課程「搜尋你內心的關鍵字」而出名，同名書籍《搜尋你內心的關鍵字》也介紹過，這個方法可以沉靜心靈，藉由專注於當下來降低壓力，提升專注力。

世界級暢銷作家茱莉亞・卡麥隆（Julia Cameron）在著作《創作，是心靈療癒的旅程》（*The Artist's Way: A Spiritual Path to Higher Creativity*）中，則介紹「晨間隨筆」。簡單來說，就是起床後馬上打開筆記本，將心裡冒出來的事情直接寫下來，藉此找出想做的事情。

這些方法都是心無旁騖的手寫筆記。就這一點來說，本書介紹的「用寫的冥想法」也是一樣。只要沉浸自身感受然後寫下來，就會漸漸湧現各種想法和情感。接著再將湧現的感受和思緒寫下來。光是這麼做，就會進入冥想狀態。

因為良好的生活、心靈狀態以及人生型態沒有正確答案，只有屬於自己的最佳解答，所以，這時最重要的是傾聽自己的內在聲音。透過釋放負面和正面兩種情感，調整內心和消除生活的紊亂。

好事壞事，兩種都要記下來

我們以正、負面情感作為切入點，來介紹怎麼開始情感筆記的第一步：書寫冥想（見左圖5）。

圖 5　書寫冥想：重點是好事壞事都要記下來。

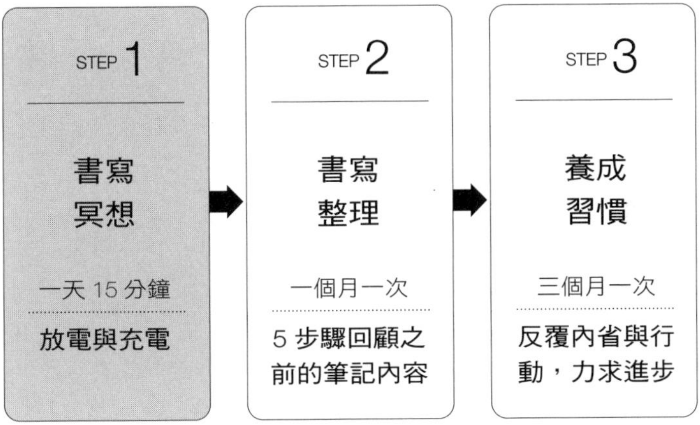

在這個步驟，要撰寫「放電日記」（負面事件）和「充電日記」（正向事件）。每天花十五分鐘，分別在這兩個日記中，簡單寫下「紀錄」和「自我對話」（見下頁圖6）。只要每天實踐，除了能修復心情，還能發現自己在每次紀錄後，都有所成長、懂得感謝，讓內心變得更加豐實。

首先是紀錄，條列式寫下一天的放電和充電事件。

在寫放電紀錄時，問自己「一天當中，什麼事讓你的情感、情緒和活力低落？」將腦中浮現的想法統統傾吐出來，例如A女士的內容如下：

放電紀錄

- 雖然想早起，卻到七點半才勉強起床。
- 午餐忍不住吃太多。
- 要洗的衣物堆積如山。
- 上星期必須提出的工作報告，今天還是交不出來。
- 因為煩躁而對孩子發火。
- 沒把家裡打掃乾淨，讓我很煩悶。
- 約好和朋友喝酒，卻沒能赴約。

在一天之中，總會有幾個類似這樣的讓人感到心煩的事件。

圖 6　書寫冥想由放電、充電日記構成，因每天都要寫，所以又稱為每日筆記。

書寫冥想	每日筆記	
	放電日記（紀錄、自我對話）	充電日記（紀錄、自我對話）

這些事情會奪走A女士的情感能量，從這個意義上來說，就是「放電」。要是置之不理，腦中就會充斥不好的想法，心情自然越來越低落。

但只要像這樣條列出來，就能緩和壓力，淨化及減少不安、擔心、後悔、糾葛、自我厭惡、憤怒等負面情感。

想要改善內心和生活的狀態，就要記得慢慢減少放電事件。

可是，光做放電紀錄，只是讓負數歸零而已，並不會讓內心變豐實，所以接下來要進行充電紀錄。

這時，要問的是：「一天當中，什麼事讓我的情感、情緒和活力高漲？」跟寫放電紀錄一樣，要把腦中浮現的想法統統記下來。

A女士的內容如下：

充電紀錄

- 在書房悠閒看書三十分鐘。

- 搭車時聽皇后樂團（Queen）的音樂。
- 做了伏地挺身和仰臥起坐。
- 詳實撰寫日記。
- 和家人一起吃飯。
- 上司誇我資料做得淺顯易懂。

只要撰寫充電紀錄，就可以重新回顧小小的成就感、感謝、學問、情誼、溫暖及其他被忽略的事物，內心進而獲得充實。

這個步驟，便是透過減少讓心情低落（放電）的要素，增加高漲（充電）的要素，來修復心靈。不可思議的是，**一旦開始撰寫放電紀錄和充電紀錄，之後放電事件會慢慢變少，逐漸增加充電事件**。

慌忙的日常生活是以「思考」為中心，被「該做的事情」追著跑。而改善壓力或尋找想做的事情，則以「感覺」為主軸，所以要撥出時間感受自己，並養成書寫習慣。

我建議每天各花三分鐘撰寫這兩種紀錄。

只寫好事，會變傲慢；只寫壞事，無法成長

寫充電、放電日記的理由，在於柴嘉尼效應（Zeigarnik Effect）。柴嘉尼效應是由前蘇聯心理學家布魯瑪．柴嘉尼（Bluma Zeigarnik）提出，係指一個人對於沒能達成或中斷的事情，比成功達成或已完成的事情記得還清楚。

說得更白話一點，就是我們往往對「沒能成功和失敗的事情」印象較深，對「成功和開心的事情」印象較淺。

下頁圖7所畫的兩個圓，你會先注意哪一個？

右邊的圓有缺口，我們自然會把目光放在缺損的部分上。同理，人在沒完成某事，而產生失敗、後悔或其他負面情感時，心裡一定會一直想著這件事，然後為此

糾結。當然，這是很正常的反應，要是一個人沒有健全的自我厭惡和反省，就不會成長，只會淪為單純的任性和傲慢。

但若老是貶低自己，時時覺得自己沒用、什麼都辦不到而陷入低潮，也沒辦法改變什麼。

因此，為了消除認知偏誤（按：Cognitive bias，人們以主觀感受而非客觀資訊，而做出判斷，因此有時可能會導致知覺扭曲、判斷不準確、解釋不合邏輯），情感筆記需要撰寫負面（放電）和正面（充電）兩種紀錄。因為特意寫下美好、成功和值得感謝的事，讓注意力放在每天的正面事件上，能提升內心充實感。

雖然情況因人而異，不過一般來說，將負面事件全盤托出，比較能讓我們專注在正面事件

圖 7　人們往往會先注意有缺口的圓。

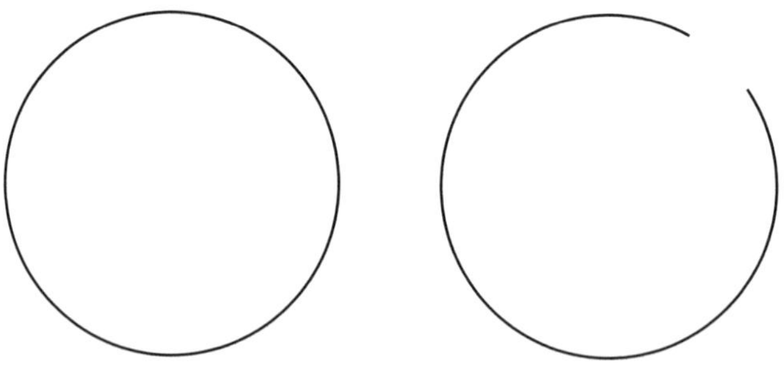

上。此外，如果一直看到不好的事情，情緒就不會高漲，甚至在書寫過程中就會心生厭惡，無法持之以恆。因此在放電之後，要記得充電，用美好的情緒作為結束，藉此以好心情展開新的一天。

另外，假如想減少放電，增加充電，只要每天從能馬上做到的事情來改善，不斷下功夫，內心便會日漸充實。

不要試圖壓抑情感

寫完放電與充電紀錄之後，就要進行自我對話。

比起放電與充電紀錄，是有意識的書寫（回顧，然後條列出來），自我對話則要以冥想——也就是在無意識下，以聯想和對話的形式，直接寫下你想到的事。

充電、放電紀錄是廣泛記下當天的事，而自我對話就是將重點放在一起事件或引發情感的「深層對話」上。這樣一來，就會查覺到自己心中更深層的情感，而非表面的心情。藉由深入挖掘一種情感或事件，就可以自我對話。

光看這些說明，也許還是很難理解，所以我們先看以下的範例。

放電的自我對話

放電紀錄要將不安、焦慮、掛念、煩悶、恐懼、糾葛及其他負面情感寫下來。自我對話則是問自己：**「現在最討厭和最難受的事情是什麼？」**以這個問題衍生出來的內容為出發點，像喃喃自語般的寫下獨白。

「現在最討厭和最難受的事情是什麼？」

每天生活都很忙碌，卻毫無成就感。忙到連喘氣的時間都沒有。雖然喜歡目前從事的工作，但專案多到沒有時間享受工作的樂趣，甚至覺得厭惡、焦慮……不，不對，我是害怕漏了工作沒做，到底有沒有漏掉什麼？或許是工作管理做得很草率……唉，我一直這樣鑽牛角尖，也讓人煩悶。

以這個例子來說，以沒有成就感為開頭，內容還出現忙碌的痛苦、焦慮、以及最後是擔心自己忘記有沒做的事情。這時不要試圖壓抑情感。藉由書寫，覺察內心深處的情感，也就是自己感到痛苦的真正原因。當我們找到原因後，才能好好的整理內心。

透過充電、放電紀錄，我們能觀察情緒受影響的原因，而自我對話，則能探索更深處的情感。

●充電的自我對話

寫完放電的自我對話後，接下來看看充電的自我對話。

感到充實的要素因人而異。所以我們要觀察自己心中喜歡、興奮、開心、情緒高揚、讓人想要埋頭努力的事件，以及做了這些事後所產生的情感。

「現在覺得最好的事情是什麼？」

深深感受到與工作夥伴之間的良好關係，也能感受到我們有同樣的熱情。對我來說共同創造很重要。只要使命相同，即使沒有立刻看到成果，最後也能腳踏實地一起成長。結交能一起分享想法的人，真令人滿足。這次的會議中要強化目標共享的精神，讓腳步加速得更快！

以這個例子來說，出現的內容就是與夥伴的情誼。

在繁忙的日常生活和焦慮之中，我們總會下意識認為別人的幫忙是理所當然，而自我對話能幫助我們重新意識到人際關係，並深刻感受能和志同道合的人共事，是多麼值得讓人感激。

Panasonic 創辦人松下幸之助曾說：「越是心懷感恩，幸福感越會呈正比增加。」有關幸福的研究也顯示：感謝，是替內心注入豐沛活水的情感。

充電的自我對話並不是強迫自己隨時要感謝他人，但若能像這樣養成習慣，便可發現現有的事物都能讓內心變得充實。

發自真心的話語，通常不會是完整的語句，所以，我們才要利用自我對話中的關鍵字句，慢慢引出內心深處的想法。

人平時不太展現的深層價值觀、真心話或珍惜事物，是因為這些內容深藏在無意識之下，不常浮現出來。除非在生活中意識和思考到這些問題，否則很難了解真正的自我。

寫不安、寫焦慮、寫恐懼、寫疲倦

關於自我對話的寫法，其中也有難懂的地方，以下介紹四個書寫時的重點。

●花一分鐘注意當下

煩惱或情感時時刻刻都在變化。首先將心思全放在自己當下所感受到的事情，再展開對話。這時不妨先冥想一分鐘，再開始進行。

●以一種深層情感作為主題

首先要引出一種情感作為主題。這時的關鍵是，專注於「現在最」占據內心的情感（如後方的情感範例），從中湧現的話語，就是覺察真心話的入口。

放電情感範例

不安、焦慮、乏味、恐懼、難受、惹人嫌、迷惘、擔心、煩躁、嫉妒、怨恨、遭到拒絕、憤怒、寂寞、自我厭惡、無力感、空虛、感到窒息、不滿、懷疑、疲倦、發懶、嫌麻煩。

充電情感範例

成就感、開心、高興、愛、溫暖、情誼、感謝、獲得認可、受到幫助、挑戰、貢獻、興奮雀躍、療癒、自信、安心、自由、爽快、舒暢感。

從某種情緒，引出真正的情感

不要抗拒或壓抑自己的真實想法和感情，將心中湧現的情感全寫出來。例如：

今天非常的焦慮。為什麼？雖然沒完成非做不可的事，也是原因之一，但最重要的是沒提交××報告，真怕主管嚴厲催促。沒錯，催促真可怕。既然如此，或許我該和主管聯絡，事先講好什麼時候要交。

像這樣寫下來之後，就能分析情感，還能追溯真正的原因，找出解決對策。以這個案例來說，與其說感到焦慮，不如說來自主管的催促讓他害怕。只要釐清引起這份感受的原因，找出應對措施就簡單了。要是沒有寫下來，這個人對自己的感受認知，只會停在「焦慮」上，任由這份情緒慢慢消磨精神。

●思考情感發生的原因，直接寫出來

反覆進行自我對話時，要問自己「現在是什麼心情？」、「背後原因是什麼？」、「真正厭惡的是什麼」，並在上述對話的過程中不斷寫下答案。

書寫時要心無旁騖，以聯想的方式將浮現的話語一個接一個的寫下來。並且意識到自己是用心（感受）書寫，而非用腦來寫。

負面情感，是出問題的警訊

前面介紹過放電與充電日記，但有些人寫出放電情感後，情緒會更加低落，因此只想寫充電日記。

可是，正視自己心中的負面情感，具有極為重要的意義。

引用內觀研修所長吉本伊信的話：「**即使是想從現狀蛻變而煩惱的人，往往不願意表露自己，害怕面對自己**。的確，發現自我是一件可怕的事，需要忍耐，但要通過這項考驗才會有所領悟，掌握自己真正的生活方式，許多內觀者已經親身實證了這一點。」

負面情感多半會出現在自己的課題或改變的啟示上。

要是沒和負面情感好好相處或置之不理，也會連帶影響感受正面情感。

而且，最大的問題是，假如只想逃避而一味的正向思考，不願正視負面情感，就無法面對真正的問題。

人生重要的訊息往往隱藏在負面情感。

一旦習慣忽視負面情感，便會陷入喪失情感、沒有感覺及麻痺的狀態，雖然這麼做能暫時從壓力中解脫，但同時也變得迷惘，不知道自己想做什麼、期望什麼。

正視負面和正面情感，細細感受自己的每一份感受，才能了解自己的內心。

單純感受美好，忽視醜惡，無法讓人成長、改變。真正要找回的不是虛張聲勢的正向思考，而是接受全部的情感。

想要深入了解自己，不論負面和正面情感，都得好好感受。

英國前首相兼諾貝爾獎作家溫斯頓．邱吉爾（Winston Churchill），將自己的內心比喻為「白狗」和「黑狗」的戰鬥。他表示，白狗是讓人相信「自己擁有世界所渴望的事物」，而他心中的憂鬱就像黑狗，總是對他說：「你沒有價值，你以為的事情統統是幻想。」一有機會就威脅他。不只邱吉爾，其實每個人心中都存在白狗和黑狗，這些話語會塑造出我們的性格。所以才需要兩者皆觀察。

我用自己的經驗來說明，**為什麼從厭惡的事情中，能誘發出真正追求的事物**。

我讀小學時，很討厭朝會、制服和集體上學。為什麼？因為我想要自由。學校的一切都讓我強烈的感到不自在。

一旦知道或釐清「自己厭惡什麼事物」，就能察覺「自己喜歡什麼」。以我的情況來說，就是「厭惡被束縛」，進而察覺到「想要自由」的價值觀。

我在步入社會後，選擇以獨立創業為生，也是因為察覺到自己的深層價值觀，希望能自由的工作。

這也是為什麼我在設計書寫冥想這個步驟時，要大家寫出放電事件。當我們正視自己心中的負面情感，才能尋找潛藏在其中的價值觀或需求。

一天十五分鐘就好

前文分別說明放電、充電紀錄和自我對話，現在則要整理書寫冥想的撰寫法和步驟。接下來會介紹一個參考範本，來說明大家要採取什麼步驟，每個步驟需花多少時間進行。雖然不必完全照做，但有了參考做法之後，就可以輕鬆改成適合自己的版本。

首先，**書寫冥想是整理內心，啟動一天的儀式**，建議在早上施行。雖然晚上也可以做，但若當天沒有結束，就無法回顧一天的放電事件。此外，在早上寫字能整理內心，以美好的心情展開一天，而且一般來說，早上不太會出現突發事項，比夜晚容易掌控時間。不過這也因人而異，重點是試著尋找適合自己的做法。

我建議，做書寫冥想時，可以使用計時器。因為**若沒限制時間，我們很容易拖拖拉拉，花太多時間**在這件事上，過不久，就會開始嫌麻煩，因「今天沒有時間」而受挫。

書寫冥想的關鍵，就在於專心書寫。

至於寫的順序，我建議是從放電到充電，從紀錄到自我對話，這麼做比較能提振情緒，內心不會變得雜亂無章。

剛開始的一個星期先試著以這種方式書寫，如果認為這樣的流程不適合自己，再改成自己能適應的做法就好。重點在於每天持續書寫。以下的五個步驟預計時總共為十五分鐘（樣本見左圖8）。

1. 冥想（一分鐘）

先設定計時器，閉上眼睛，然後深呼吸。靜下心，將意識都集中在「現在」、「自己就在這裡」，如此才能專注在自己的感受。直到一分鐘鈴響。

不需要深度冥想，只須冥想一分鐘，就能切換狀態，專心的寫下紀錄。

圖 8　放電與充電日記的樣本。

放電	充電
〈紀錄〉 ・昨天工作到晚上 9 點，加班時間很長。 ・吃很多炒飯和拉麵，完全沒有節制。 ・看太多影片，影響睡覺時間和品質。 ・昨天只睡 5 小時，沒能好好休息。 ・托福考試就快到了，我卻完全沒辦法進修英文。	〈紀錄〉 ・很快改好提案。真是暢快！ ・跟孩子一起悠閒的吃早餐和聊天。 ・在早上就建好計畫並執行。效率變好了！ ・終於撥出時間讀書了！ ・晚上喝了啤酒！真好喝。現在我會規定自己只能喝 3 瓶啤酒。
〈自我對話〉 生活非常忙碌，卻沒有成就感。雖然喜歡目前從事的工作，但專案多到我沒時間享受每個案子的樂趣。 沒有成就感也讓我感到焦慮。害怕漏了事情沒做，我有忘了什麼嗎？	〈自我對話〉 我能深切感受到與工作夥伴之間的良好關係，也能感受到我們有同樣的熱情。這令我感到充實。 此外，對我來說共同創造很重要。讓人忍不住覺得，結交的對象應該要找能分享深刻想法的人。

2. 放電紀錄（三分鐘）

在這個步驟，要寫出「一天中，降低自己內心能量的事件」，凡是令人感到不安、糾葛、焦慮、自我厭惡、憤怒、自卑感以及其他負面情感的事件，都要列出來。時間為三分鐘。做法是觀察工作、家庭及日常生活，寫下讓情感動搖的負面原因。最好要寫五條左右。

3. 放電自我對話（四分鐘）

自問：「現在最厭惡和最難受的是什麼？」再寫下來。不要多想，根據內心湧現的話語來寫成文章。不需要把放電紀錄的負面事件一次寫進去，重點是從其中一件事深入探索。

4. 充電紀錄（三分鐘）

接下來要寫出「一天當中，提升自己內心能量的事件」。包括美好、值得感謝、開心、興奮及讓人成長的事情等。即使是日常中微不足道的小事，只要能讓你感受到正向情感，都可以寫下來。跟放電紀錄一樣，充電紀錄列出五條即可。

5. 充電自我對話（四分鐘）

最後是自問：「現在覺得最棒的事情是什麼？」再寫下來。讓內心充滿正向情感，這樣就能以好心情作結。

人沒有自覺，就無法改變

第一章談及書寫的意義和作用，在這章的最後，也會審視書寫冥想的功效。

●有了自覺，就懂得控制

寫，能使我們察覺內心因什麼而混亂和動搖，而自我覺察，是掌控自己生活的第一步。

沒有自覺，就無法改變。假如能發現是什麼原因擾亂或刺激內心，接下來就可以針對原因，來減少或改變其影響。

書寫冥想是從放電和充電這兩個切入點，尋找負面和正面的情感。而紀錄則是寫出日常生活中，複雜而影響情感的事件。只要有了紀錄，就可以知道之後要怎麼採取行動。

關鍵在於用文字、言語來記下情感，察覺內心的實際狀況。即使沒有馬上改變，但光是寫下來，就會開始改善。

●客觀審視

我們來看看一個故事：誤入破廟的虻蟲和住持。

有時候，我們碰到某些狀況，情緒一上來後就容易鬼打牆。就像日本尼僧青山俊董在著作《十牛圖：真實幸福的旅程》提到的虻蟲一樣：

江戶時代，愛知縣的香積寺有位住持叫做風外本高禪師。

風外禪師曾住在大阪某間破廟。當時，富翁川勝太兵衛前來破廟，找風外禪師諮詢人生的問題。一隻虻蟲不知從哪裡飛了進來。風外禪師像是沒在聽太兵衛說話一樣，總是盯著虻蟲看。

太兵衛見狀，忍不住說：「風外大師還真喜歡虻蟲。」

結果風外禪師答道：「這間廟是破廟，從哪裡離開都行，虻蟲卻認為只能從這裡出去，老是撞在同一個地方掉下來，就這樣死了。不過，人跟虻蟲一樣，也會做類似的事情啊。」

聽完禪師的話，太兵衛才驚覺禪師借用虻蟲來開示自己。後來他因此成了熱心求道的參禪者。

藉由書寫冥想，將想法、感受和自我對話轉變成文字，只要匯集一個月的紀錄，就能客觀審視自己遇到的障礙和模式，並知道該怎麼改善狀況。

清除雜念，活化大腦

假如腦袋裡有未經整理的思緒或情感，大腦會因此受到拘束，消耗能量。就像電腦開了好幾個程式，運作速度就會變慢一樣，當一個人的日常生活中，兼任多職、處理大量的工作、面對複雜的情感，光是要度過今天就會竭盡全力，沒有餘裕思考別的事情。

只要利用書寫冥想，將雜念、情感以及各種雜亂無章的狀況全部記錄下來，好好的面對自身的感受，就可以清空大腦，讓大腦處理更重要的事。

不看表面心情，找出情感根源

書寫冥想中的自我對話，有助於我們深入挖掘情感。藉由書寫，就會察覺深層感情進而解決問題。

最難的，反而是沒能準確看出深層情感的真面目，這麼一來，在處理別的事情時，便會產生落空感。要是能一舉發現情感根源，當然很好，但很少人能一次就找到答案，所以藉由養成自我對話的習慣，便能越來越懂得怎麼巧妙的處理情感，察覺更深處的負面和正面情感。

●藉由每天的書寫就能自我監控

若想減少放電事件，增加充電事件，最好的方式就是習慣。舉例來說，戒掉暴飲暴食和上網等壞習慣，或習慣早睡早起和運動。**書寫冥想**的目的並非單純的為心靈重開機，而是為了減少放電，也要**考量改善生活習慣和自我管理**。

有些人會問，該怎麼養成習慣，其實紀錄就是效果非凡的方法。透過每天記錄，就可以檢查之前的行動及事後回顧情感。再加上，是「每天」進行書寫冥想，所以也有助於人們養成習慣。

實踐者感言❶

家人都說，我的笑容變多了

——關知佳（二十多歲的代理商業務）

在開始寫放電日記和充電日記之前，我總會為了某些不安和茫然而煩悶。因為憂慮而在意別人的眼光，時時擔心過去、將來。就算想做些什麼，讓自己減少這類想法，卻遲遲沒付諸行動。

由於不斷累積「該做的事」和「想做的事」，這些事情就像負債一樣，久而久之成為內心負擔，即使想完成這些事情，也因為覺得疲憊而沒有任何動作，反而不停的看不怎麼有興趣的電視節目跟網路影片、上網看藝人八卦、翻漫畫 App。

自從遇見書寫冥想以後，「總覺得好懶、沒動力……」的時間銳減，即使覺得煩悶，過了一、兩天就可以擺脫這種狀態。若是以前，即使過了兩星期或一個月，仍動彈不得。

不安感停留在心中時，會越來越龐大，不過，只要每天將會剝奪能量和低潮的事情寫到放電日記（見下頁圖9），如實寫出腦海裡的聲音，人就會變得冷靜，還能發現有些事情「不過就是這樣而已」，之後便能以平靜的態度去面對。

以往，我經常在睡前老是想著「應該可以做得更好」、「今天什麼事都做不了」，而感到低落，不過多虧了充電日記，讓我能把目光朝向「洗了三次衣服」之類的小事，睡前誇獎自己「今天做得很好」。

充電、放電日記使我越來越常露出笑容，和老公、女兒平靜相處的時間也變長了，我老公甚至對我說：「妳以前總是會尖聲斥責周遭的一切，現在卻完全變了一個人」。

放電日記和充電日記能終止每天的煩悶，產生建設性的意見。到了現在，若是當天沒有辦法寫充電、放電日記，我反而會急得發慌。

圖 9 關知佳的放電與充電日記。

2021.8.31（五）

放電	充電
〈紀錄〉	〈紀錄〉
・被女兒傳染了，頭痛和喉嚨痛都讓人很難受。 ・我沒注意到有人透過 Slack（一種專為商務設計的通訊軟體）傳訊息給我，給別人添麻煩。 ・早上陪女兒玩太久，我累到躺在沙發上。沒力氣做其他事情而產生負面想法。 ・現在的生活方式，讓我撥不出時間跟老公討論托兒所或復職的事情，讓人覺得很煩。	・在晨間會議決定了下一步行動，真是太好了。 ・即使身體狀況不好，也做好三餐，還洗了三次衣服！很好！ ・總算回答對方的問題。雖然花了 70 分鐘，但在思考的同時，試著了解對方的意圖和背景，相當有意思。 ・老公幫我完成了工作！ ・今天沒辦法更新文章，所以早早發文通知「今天停更」。

（續下頁）

〈自我對話〉	〈自我對話〉
該怎麼說呢？每件事都讓我覺得很煩。 是因為頭痛而中斷思考的關係嗎？ 雖然私立托兒所開了缺額，對方也願意幫我們保留名額，但我卻無法打從心底高興。 我該割捨跟女兒相處的時間，做自己喜歡的工作嗎？可是有些事情只有在跟孩子相處的當下，才能感受到。 我能在共度時光中傾注 120% 的愛給女兒嗎？ 不，我大概會想其他事情。像是構思專案或想回信給客戶。 每件事牽扯在一起，而且要在 10 月之前做出結論，我卻到現在什麼都沒決定好……。	果然，「想做的事在想做的時候就去做」，是讓我開心生活的關鍵。 不只是工作，家事也是如此。 若只有自己想做的事情（天職）有所進展，忽視家庭、老公、女兒、婆婆或家人，就不會幸福。但若我的心思只能放在家庭上，也會讓我很挫折。重點是平衡家庭與工作的關係。 今天身體狀況不佳，遲遲沒有好轉，就放一天假好好休養。 明天暫時把孩子托給別人帶，然後整理累積已久的工作，消除煩悶吧！

第3章

捨棄不要的，留下重要的

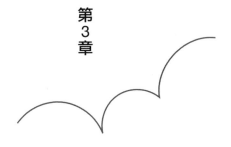

書寫冥想記載了每天的情感及其引發的事件，具有淨化情感的功效，但光是這樣也會達到極限，無法深入洞察。

為了消除這一點，接下來就要進行第二步：書寫整理（見左圖10）。以存錢為例，沒辦法順利存錢的人開始寫家計簿之後，馬上就能改善狀況。因為這個動作可以刺激意識，停止沒必要的花費。然而持續記錄開銷兩、三個月後，就會發現，光是記錄，不會出現更好的效果。

這時就需要回顧，綜觀和客觀的審視一個月的記錄。

舉例來說，治裝費從每個月花五萬日圓，改成三個月共花五萬日圓；到自動販賣機買飲料，累計花七千日圓，之後可以自備水壺減少開銷；午餐費每個月三萬日圓，往後自己做便當；電費和瓦斯費加起來三萬日圓，之後要隨手關燈，以節省電源……這些都是綜觀紀錄之後，才能注意的事情。

同樣的法則也適用於改善自己的心靈和生活。

書寫整理就是每個月綜觀一次內容，從中留意可以改變或調整的事，藉此改善和發現自我。

圖 10　書寫整理，就是回顧一個月分量的冥想內容。

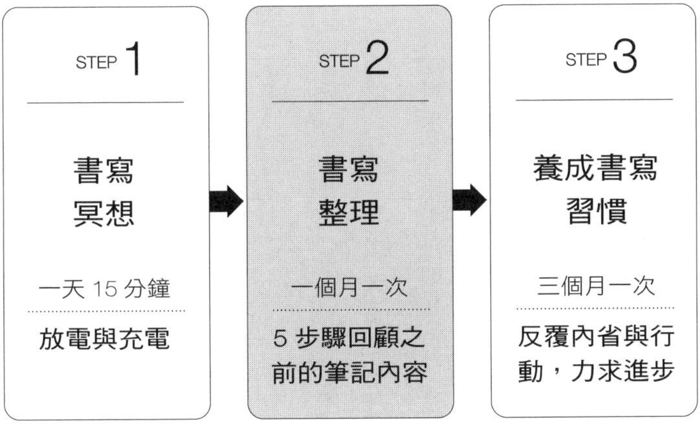

這是以每天的書寫冥想內容為基礎，來客觀的審視自己，發現並改善生活或消除心靈惡性循環的根源，探求內心深層的價值觀或真正理想的過程。

藉由書寫冥想和書寫整理深入挖掘自己的內心，針對「自己在追求什麼？」、「自己心目中的幸福是什麼？」、「想怎麼度過人生？」等本質問題，尋找屬於自己的答案。如此一來，就可以釐清自己的生活方式和生活方向。

書寫冥想要每天進行，書寫整理則要每個月進行一次，集中精神、整理心靈和內省。這個步驟的架構很大，所以我先在第三章介紹整理東西和整理心靈的共通點，之後在第四章詳細介紹做法。

從整理物品到整頓心靈

書寫冥想時寫出的內容，會展現出你的內心和生活。因此，我們可以把這份紀錄，當作洞察自我的基礎。

若想找到真正的自己，書寫冥想是很重要的關鍵。而書寫整理，則是判讀書寫冥想時寫出的話語，衡量人生和生活需要或不要什麼，再加以整理的過程。

捨棄不要的東西，留下重要的東西，從反覆判斷這些事的意義上來說，整理東西和整理心靈有共通之處。

關於整理，有不少人分享自己的技巧，例如，日本雜物管理諮詢師山下英子的「斷捨離」，或是日本專業整理師近藤麻理惠的「怦然心動整理法」。**不論哪種，整頓內心的過程都與整理物品有相似之處**（見左圖11）：

圖 11　不管整理物品還是內心，都是這三個步驟。

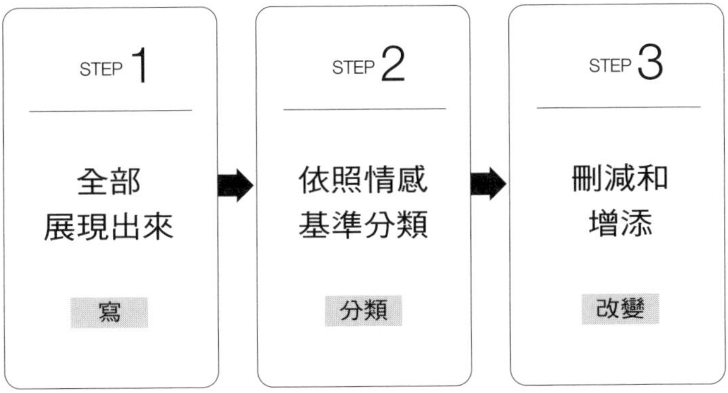

步驟1　把物品全部展現出來（寫下所有感受）。

步驟2　依照情感基準，來分類需要和不要的物品（分類）。

步驟3　增添需要的內容，刪減不要的內容（改變）。

這一章將會從這三步，來一一介紹為什麼整理東西和整理心靈一樣。

所有整理法第一步：全部先拿出來

假設你打算清理環境，卻不曉得該從哪裡開始時，就先把東西全部拿出來，之後再考慮怎麼做。

幾乎所有的整理法，第一個步驟都是「先拿出來」。只要把物品全部拿出來，就可以用肉眼評估其數量，知道沒用的東西實際上到底有多少。因為光靠頭腦記憶，人永遠記不住自己有哪些東西，尤其是放在抽屜或其他容器裡的物品，更難掌握真正的數量，甚至被遺忘。

所以，整理的第一步就是拿出所有物品，接著思考下一步該怎麼做。

心靈也一樣。

假如狀況單純，當然不會有問題，不過要是每天有一大堆該做的事情和問題，漸漸的，人的內心就會非常混亂。

再加上，人的深層情感很複雜，無法一鼓作氣綜觀和整理。所以我們需要先將腦中和心中雜亂無章的思緒和情感全部寫下來（見左圖12）。只要在紙上思考，就可以掌握實際狀況，後設認知能力（按：即思考自己的認知過程〔包括記憶、感知、計算、聯想等各項〕，是一種個人控制及引導心智歷程的現象）會發揮作用。

總之我們要集中精神，將思考的事、感受到的事、想做的事、不想做的事及必

圖 12　透過文字，讓自己看見所有情感。

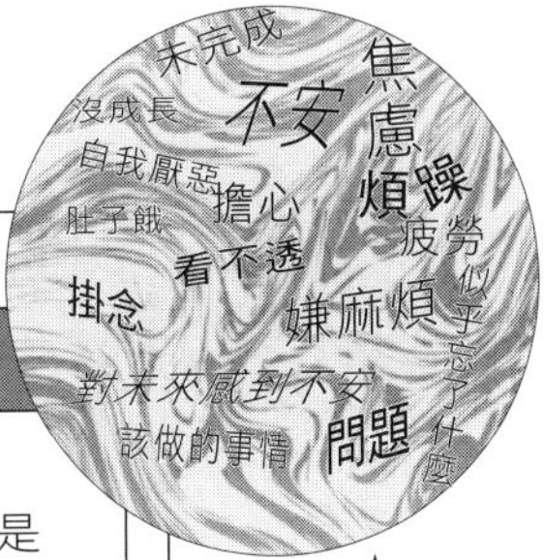

放電	充電
〈紀錄〉 ・昨天加班到晚上 9 點才下班。 ・吃很多炒飯和拉麵。完全沒有節制。 ・看太多影片，影響睡覺時間和品質。 ・昨天只睡 5 小時，身心沒能好好休息。 ・托福考試就快到了，我卻完全沒辦法進修英文。	〈紀錄〉 ・很快改好提案。真是暢快！ ・跟孩子悠閒的吃早餐和聊天。 ・在早上建立好計畫並執行。效率變好了！ ・終於撥出時間讀書了！ ・晚上喝了啤酒！真好喝。現在我會規定自己喝 3 瓶就不喝。
〈自我對話〉 生活非常忙碌卻沒有成就感。雖然喜歡目前從事的工作，可是專案多到我沒時間好好享受每個案子的樂趣。 沒有成就感也讓我感到焦慮。害怕漏了事情沒做，我有忘了什麼嗎？	〈自我對話〉 我能深切感受到與工作夥伴之間的良好關係，也能感受到我們有同樣的熱情。這令我感到充實。此外，對我來說共同創造很重要。讓人忍不住覺得，結交的對象應該要找能分享深刻想法的人。

須做的事，全寫在紙上。

其實，這就相當於進行書寫冥想。

像這樣全部寫下來，透過文字看見自己的情感後，我們就要開始下一個步驟。

依照情感，區分需要和不要的

當一切物品全部拿出來後，就可以分類哪些是需要、哪些是不要。

這時「情感基準」就是關鍵。

著有《怦然心動的人生整理魔法》的近藤麻理惠，因介紹了以「心動」為基準決定取捨的方法，讓她聞名於世界。她在書中表示，只要以「心動」這項情感基準來做取捨和選擇，我們會越來越清楚自己的想法，之後還會提升判斷高度，懂得分辨工作、人際關係或人生當中，有什麼重要事物，哪些事情要放棄。

提出斷捨離的山下英子也說：「我們可以根據『要、適、快』原則，判斷這件物品對自己來說是否必要、是否適合、是否讓人感到快樂。這樣就能捨棄『不要、不適、不快』的東西」。

我認為不管是斷捨離還是整理魔法，都不僅止於整理東西，而是會影響一個人。因為這些方法都是以情感作為基準，來判斷和取捨，所以會超越物品，擴及於整個人際關係、生活、情感和人生。換句話說，若對人生感到迷惘或混亂時，只要根據情感基準來判斷，就知道該如何選擇。

不過談到這裡，相信有人會提出反對意見：「假如現實生活真能以情感當標準，自由的選擇一切，就不會吃苦受累了。」

的確，只要是人，每天都會有該做的事、該肩負的職責，不能因為不想做，就完全不做。也許是因為擔心工作或家人，總之，社會生活無法讓我們依照自己想要的判斷標準來做決定。

但為了踏上理想人生、過想要的生活，我們還是需要以情感當作標準。為了幫助我們判斷，我會接著解說被美國哲學家肯恩．威爾伯（Ken Wilber）稱為三大視野（the Big Three）的「真、善、美」，這個概念能幫助我們做判斷。

真，指真實或真理，意思是合理的判斷標準。醫學上的診斷、改善經營的數字、以及其他許多必須以事實為基礎判斷的事情，就屬於此類。

善，是由「我們重視什麼」而形塑的群體判斷標準。在公司、家人、地域及國家中，判斷依據是源自「我們」所重視的價值觀，而非「我」一個人。例如，我的公司也有「藉由養成習慣來改變社會」的價值觀，重視這一點的成員齊聚一堂，形成共通的判斷標準，做出決策。社會上對於言行舉止的判斷，則會要求符合「時間、地點及場合」。

美，是「我覺得○○很好」的個人判斷標準。比如覺得某部電影有趣或無聊，某件美術品是否具有美感等，都是以個人的情感基準。沒有絕對的好壞，也沒有對錯之別。

假如以宏觀的角度看待判斷標準，真和善都很重要。

然而，許多人在工作或群體中，往往以他人為優先，把自己放在後面。結果逐漸分不清「自己想做什麼」、「對自己而言，什麼是幸福」。我在從事人生教練時，看見很多人忽視以「美」來判斷，最後變成這種狀態的人。

更糟的是，有些人會一味將該由心靈感受和決定的事，用科學和統計上所定義的幸福（真善美中的真），來判斷人生。結果這些人的內心無法獲得滿足，甚至徒增混亂。

許多時候以美——這項情感當基準來做選擇，結果會更理想。想以什麼方式工作，想跟誰結婚，想跟什麼樣的人一起生活，想把時間用在什麼地方等，更該用情感基準明確判斷。

這麼一來，即使無法馬上改變一切，也能清楚分辨那些事物對自己而言，是需要，還是不需要。

只要重視情感基準，就可以看出人生中和自己心目中寶貴的事情。

當我們的頭腦、內心及身體，對於某事都沒感覺有哪裡不對勁或有所抗拒時，就表示這是最讓人能接受的。但如果感到有什麼不對，就先問自己，內心和身體在追求什麼，之後再用頭腦思考。

要釐清情感基準，詢問自己是有效的方法。

所以，請各位簡單自問：「這是屬於放電事件還是充電事件？」然後憑感覺分類湧現出的情感就可以了（見下頁圖13）。

圖 13　依照情感基準來選擇。

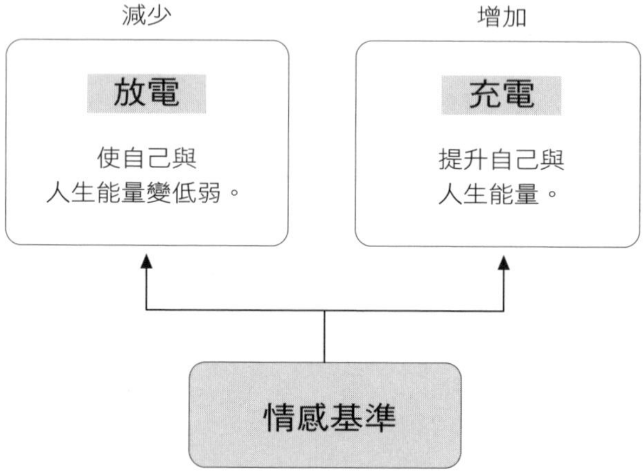

七個關鍵問題，感受你的情緒變化

放電和充電是憑藉情感基準，得以與心靈對話的重要提問關鍵字。

我根據從事人生教練時的經驗，在這裡準備七個質問（見左圖14），幫讀者釐清情感基準、深刻感受內心情感（包括情緒、需求、願望）。

雖然羅列的提問很類似，角度卻有些微不同。請依照適合你的提出詢問，感受情感的變化。

● 質問1　喜歡還是討厭？

雖然是簡單的問題，但人長大後，

圖 14　7 個關鍵問題，讓我們更清楚情感基準。

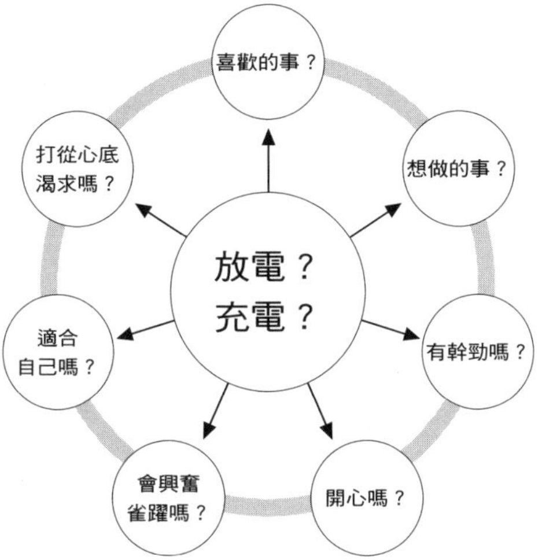

往往過於追求真與善，無法輕易憑單純的感覺區分「喜歡還是討厭」。

生活中承擔許多討厭的事情而無法放手的人，不妨試著先將自己正在做的討厭事情，寫在放電日記上。如此，就算沒辦法因為討厭而不做，也能察覺到這件事對於內心的負擔。能有自覺，就會有所改變。

●質問 2　想做還是該做？

有時要是想得太多，就會分不出想做和該做的事情。即使訂了目標，也會錯把手段當目標，或是行為和目標之間的關係淪為形式，讓幹勁下滑。

比如學習英文時，會越來越搞不懂是因為喜歡才做，還是因為將來需要而該當成義務在做。

其實有些案例是起於想做某事，後來卻變成義務而感到吃力。假如能區分兩者的不同，就能跟內心對話，發現「雖然想學英文，但若以提升托福分數為目標，或許就提不起什麼幹勁。該想想別的方法」，邁向下一個覺察的階段。

●質問3　有幹勁還是沒幹勁？

有幹勁就能行動，且容易持之以恆。反過來說，要是沒有幹勁，只強迫自己繼續做下去，只會越來越感到吃力和痛苦。

我在接受工作委託時，會捫心自問：「我對這份工作有沒有幹勁？」尤其是面對大型專案，一旦接受工作，就沒辦法輕易退出，所以要先確定內心是否有強大的動力，讓自己能堅持到底。

雖然和第一個質問類似，但只要試著這樣問自己，就會曉得感覺有什麼不同。目的不在於靠頭腦判斷，而是靠內心感受其動機或需求。

質問4　開心還是難受？

「開心就會持之以恆，難受就不會」，可以說，養成習慣的祕訣相當仰賴情感支撐。不過，如前文提到的，情感分成三個層次，而開心屬於第一層（感覺、心情），會因外在因素而時時產生變化。即使現在開心，三個月後也不一定會快樂。

所以要記得常常自問，設法讓自己保持開心。

質問5　會不會興奮？

「會不會興奮？」或許這種稚拙的問題，聽起來像是在問小學生，但以探索自身的熱情、需求或喜歡的泉源來說，我認為沒有比這個更好的詞彙了。

這個好問題和「喜歡嗎？想做嗎？有幹勁嗎？開心嗎？」的語感又有不同，是求證現實有沒有連繫更深層的願望或需求。

我公司團隊是以從事喜歡的工作（興奮基準）為方針，我常常問成員：「現在的工作，讓你覺得興奮嗎？」與其說是隨時確認成員是否難受或疲憊，不如說，是為了確認工作是否有激起他們的熱情或價值觀，才時不時拋出這道問題。

要是不覺得興奮，就要了解是什麼改變了，例如是否跟價值觀不一致等，之後再修正做法或變更職責。要是不斷的告訴自己要盡力做好事情，工作時卻感受不到雀躍感，這兩種感受便會產生衝突，久而久之，我們內心會越加混亂。

●質問6　適不適合自己？

雖然我們有時會說某事很適合自己或很合得來，但事情本來就是要符合自己的興趣或強項，人才能堅持，進而拿出成果。

比如，在紙本上寫字就跟我的個性很合。因為書寫是跟自己單獨對話，而不與他人交談，對我來說，這件事很適合我。反過來說，我總是很難適應類似派對這類需要廣泛交流的場合。

有些人年輕時，會試著接觸自己不擅長的事情，以擴展自己的視野，但若想在漫長的人生中找到自己的本分（本身具備的特性），開拓潛在的可能性，就要記得做符合自身性情的事。只要在開始做某件事時，問問自己適不適合就可以了。

而若不合，情感基準會有所反應，這時尋找別的選項，不必執著。相信總有一天會找到適合自己的事情。

●質問7　是否打從心底深切渴求？

「那是我打從心底深切渴求的事物嗎？」當我從事人生教練，以及遇到人生中的重大決斷，像是結婚、轉行及創業時，都會問自己這個問題，以感受從內心深處湧現的情感。

這並不是喜歡或開心這種情緒程度的問題，而是價值觀、使命感等是否在期望這件事。提出這個問題，就能有效感受到自己內心中不可動搖的意念。

這些問題不是為了與頭腦對話，而是為了與心靈溝通。如果在問這幾個問題的同時，也多問一句：「這是屬於放電還是充電？」就可以在與內心對話時，能提出各式各樣的問題。

生活，要丟一些，也要加一些

接著是最後一個步驟。

關鍵在於先區分哪些事物是需要、哪些是不要的，然後增添你認為需要的東西，去除不要的東西。只要持之以恆，你的生活、時間、心靈以及人生會變得更加美好（見左圖15）。

我一樣以整理東西為例。

日本頂級家政協會培養出超過十五萬為整理專家，稱為整理收納師。我曾有幸與其代表理事澤一良對談，他說：「飯店的房間非常整潔，是因為物件少。反過來看，與其說房間會亂，是因為沒能整理好，不如說是因為東西太多。那麼，陷入東西不斷增加的惡性循環關鍵是什麼呢？其實就是沒有考慮先清出物品，還一次買很多東西，房間當然會亂成一團。」

想想確實如此，「想要新東西」的欲望沒有盡頭，但生活空間卻有限，房間自然會逐漸塞滿東西。

圖 15 調整需要和不要的事物，化繁為簡。

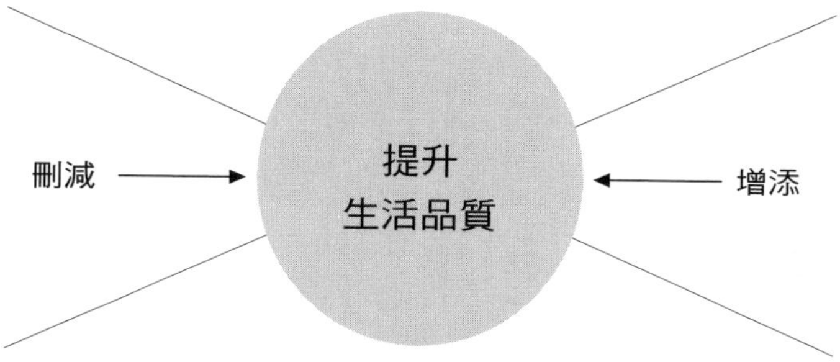

這種情況在生活或工作當中也會碰到。

想要有時間讀書、跑步、做伸展操，要是能做冥想就好了，還想學英文，也想增加夫妻交談的時間，要是自己煮飯會比較健康……這種「什麼都想做」的情況會不知不覺增加，然而人一天只有二十四小時。想做的事情變多，一定會影響到其他要做的事。

工作、家庭、育兒、自己的時間……想做的事情太多，要是貪得無厭，將每個計畫統統安排進行程裡，二十四小時絕對不夠用。

決定「開始做什麼」很簡單，但「要戒掉什麼」就難了。所以為了簡化行程表和目標，就要捨棄、斷念以及懂得放下，釐清「不做的規則」。

釐清重要的事物

只要發現重要的事情、想做的事情及目標，自己人生的核心就會顯露出來。釐清重要的事情之後，再努力壓縮時間。

然而，若不清楚對自己而言，什麼是真正重要的事情，就會日復一日，什麼都沒變。所以我們才需要藉由書寫整理來明確自己的價值觀，思考「怎樣才是理想狀態？」然後描繪理想。

除非以想做的事情為根柢，否則無法充分安排自己的生活。而價值觀和理想只能透過與自己反覆對話，從自己的心中發現。

只要明白這一點，就可以知道時間要花在哪些重要的事情上。

記住，先思考「什麼事情可以不要做」。因為需要和不要是相對的概念，更是優先順序的結果。

刪減和消除不要的事物

整理的本質在於「減少、捨棄、放下」。

整理心靈就和整理行程表一樣，捨棄本身就是整理的困難之處。

不想惹人厭、不想讓人認為自己在敷衍、不想失敗、想要求安心、不想後悔……這些心理因素會讓人猶豫而不敢放下各種事物。

山下英子建議大家踏實的反覆練習斷捨離，不斷試錯，就算失敗也無妨，總之先行動再說。這份建議也能應用整理內心上，練習捨棄、不斷試錯，慢慢的改變。自我對話並非一朝一夕即可結束，而是要一直面對的過程。

重要的是，不要想著一次就能展現成果，而是不斷嘗試然後改善，一步一步的邁向良好狀態。

讀到這裡，也許有讀者覺得這番說明很抽象，所以最後我以自己的人生為例，介紹我當時如何增加和刪減重要的事物。

專注在現在最重要的事

我二十八歲時，就想「過著不用在別人底下做事的生活」，所以興起一個念頭：以專業人生教練的身分獨立創業。

我以前任職的公司是足以代表日本的大企業，薪水優渥且大獲好評。但我工作時，怎麼也找不到幹勁，總覺得沒能好好發揮自己的強項。可以說，當時的狀態，讓我很難找到熱情、活出自我。絞盡腦汁到最後，我找到的答案就是獨立創業。

有了這個目標後，我還決定要在一年內獨立創業。每天除了工作，還要準備跟創業有關的事宜，生活節奏相當緊湊。

每天練習人生教練的技巧；週末則參加人生教練的學習會，我也會積極參加以交流會為名的活動，試圖擴展人脈。然而，我還是要做原本的工作到晚上九點。我漸漸注意到如果繼續過著這種緊湊的生活，我只會離成為人生教練獨立創業的目標越來越遠。

於是我再次捫心自問：「現在最重要的時間是什麼？為此，我應該要提升業務效率。」於是我發誓要在晚上七點之前結束工作，想辦法減少加班。

雖然比上司早下班讓我很不好意思，也擔心周圍的人指指點點，但這份決心是我經過徹底內省、釐清理想、目標和行動之後的結果。所以在再次確認目標之後，我把無意義的加班和拖時間的事情統統捨棄。當然，我沒有敷衍工作，而是設法提升自己的速度。

就這樣，我在一年後順利獨立創業，現在獨立創業第十六年，雖然過程迂迴曲折，但我走出屬於自己的人生。

雖然過程漫長，但若想改變自己的人生，就要撥出時間探尋價值觀，釐清理想和行動。

一天不過二十四小時，必須同時消除、壓縮或減少做某件事的時間。

每天的待辦事項、堆積如山的問題、要回覆的電子郵件、身為家人或上司的職責，以及其他該做的事情等，逐步占滿整個行程表。

不過，就和存錢一樣，等要有多餘的錢（時間），再儲蓄（思考想做的事）是不行的。重要的是，要有「為了將來的某件事，要存多少錢（先留多少時間）」這樣的決心。

這就是我的故事，接下來換你開始擴展你的故事。每個人對幸福的定義各有不同。有的人是達成目標，也有的人重視和平、想要平穩生活。每個人期盼重視的價值觀不同。

想要整理心靈，就必須弄清楚自己心中重要和不要的事物。

在下一章，我會介紹書寫整理的具體實踐步驟。

第4章

寫完之後，一個月回顧一次

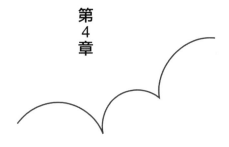

以下將說明上一章談到的整理心靈步驟。

步驟１　從全部寫下來。
步驟２　依照情感基準，來分類需要和不要的內容。
步驟３　增添需要的內容，刪減不要的內容。

我們在進行書寫冥想時，就完成了步驟１。
步驟２和３則是整理內容，劃分需要和不要再執行的事。而這部分就相當於書寫整理。

由於書寫冥想需要每天進行，從這層意義上來說，是每日筆記，而書寫整理則是以月為單位進行的每月筆記。

書寫冥想是回顧每天的紀錄，找出整理內心和生活的關鍵。另外還要找出自己的價值觀、描繪理想，同時建立貼近理想的行動和習慣計畫。接著辨別自己的目標，將時間花在重要的事情上，刪減不要的內容，如此循環下去。

圖 16　書寫整理有五道程序。

<table>
<tr><td rowspan="3">書寫整理</td><td colspan="6">每月筆記</td></tr>
<tr><td colspan="3">行動計畫</td><td colspan="3">養成習慣計畫</td></tr>
<tr><td colspan="2">影響圖</td><td colspan="2">價值觀地圖</td><td colspan="2">理想願景</td></tr>
</table>

書寫整理則可分成五道程序（見圖16）：

- 影響圖。
- 價值觀地圖。
- 理想願景。
- 行動計畫。
- 養成習慣計畫。

要探求價值觀或理想，至少每個月做一次深度自我對話，否則就無法提升自我認知，更找不到人生的方向。

書寫整理的目的，是根據一個月的紀錄，綜觀心靈和生活模式，沉著的面對自己，衡量之前的生活有沒有要改善的地方，找出讓人成長的行動並加以改善，藉由探尋深層價值觀和理想，找出理想藍圖，進而發現自己人生的方向。

由於這個步驟需要專注力和時間。所以不需要每天或每週做，而是每個月撥出時間，回顧一次之前的紀錄。

很清楚了解自己價值觀或理想的人，做書寫冥想（每日筆記）就夠了。反過來說，對目前人生有所迷惘，想要找到真正自我和真實理想，或希望發現真正寶貴事物的人，我會推薦書寫整理（每月筆記）。

書寫整理有五道程序，全部做完大概會花一小時左右。各位可以選擇在寧靜的咖啡館，或其他能專心的地方來進行。

真正的自我認知關鍵是要反覆內省和行動。

影響圖、價值觀地圖及理想願景，屬於內省，而行動計畫和養成習慣計畫，屬於行動。

市面上有關自我分析的書籍，往往缺少反覆內省和行動的觀點。光靠筆記和利用獨處時間進行自我對話，仍無法真正的了解自己。我們必須藉由實際行動與生活

圖 17　反覆行動與內省，是自我認知的關鍵。

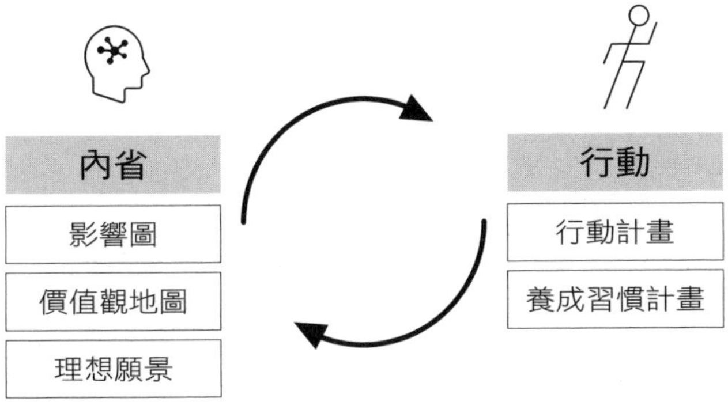

習慣，強烈感受重要和不重要的事物，分別是什麼。換句話說，就是要記得在行動中內省。

我將書寫整理的五道程序，設計成能重視內省和行動的循環：首先內省，然後採取行動，透過身體和心靈，來感受這項行動有無要調整的地方，接著進一步內省，然後改善行動（見圖17）。

找出三件目前最影響你情緒的事

人的內心總是因工作、家庭、人際關係及其他各種因素而混亂，但只要看了書寫冥想的充電、放電日記，我們就會發現自己竟然一直因為類似的事情，反覆陷入負面情緒中。

圖 18 影響圖，在充電與放電日記中，找出 3 個強烈影響自己的事件。

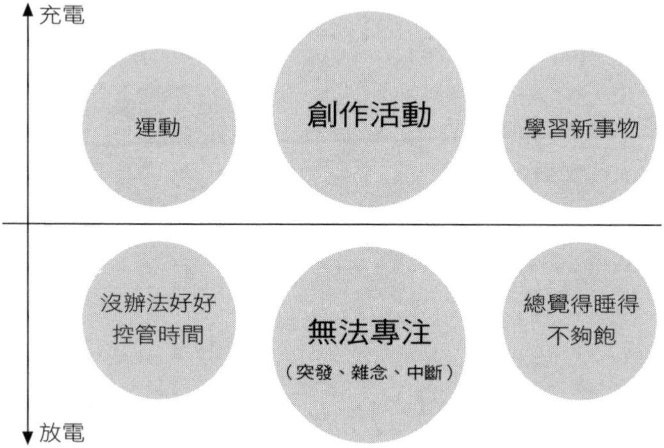

因此，這裡將自己放電和充電日記內容，大致總結成「三件事」。

影響圖，就是利用圖表來表現從一個月來的充電、放電日記中，強烈影響自己的三件事（見圖18）。這樣就可以看出左右情感的要素，有八成是共通項目。

只要鎖定影響自己內心的衝擊事件，擬定對策就容易多了。

當然，要解決問題不容易，但是比起朦朧不清、無法掌握的煩惱，針對論點明確的課題找出對策，多少可以獲得的安心感。

「減少放電，增加充電」是整理

內心的重點。所以透過影響圖，明確列出影響自己的事件，思考如何消除三個放電和增加三個充電的時間。

影響圖的書寫重點

- 回顧一個月的放電日記和充電日記（紀錄和自我對話），用螢光筆替頻率較多的行動和情感做記號。
- 根據書寫數量的多寡和帶給內心的實際影響力，分別寫出三件最影響自己的放電和充電事件。
- 將更重要且影響力更強的條目放在正中央，圓圈畫大一點。
- 格式自由書寫（※圖18僅供參考，非固定格式）。
- 不是只做一次就好，而是要定期寫下來，同時掌握內心的變化。
- 預估耗時十分鐘。

現階段，什麼事情對你最重要？

「對我來說，重要的事是什麼？」探尋價值觀並將其轉化成文字的方法，就是價值觀地圖。尋找自己的價值觀，為了這份價值觀而活，便能真正獲得充實感。

放電和充電指的是動搖情感的事件和情感本身。這些冒出來的心情及需求中，鮮少存在真正的願望。

一般來說，從隱藏在內心深處、根植於自身價值觀的願望所引起的情感，並非表面的享受或艱苦，而是會讓我們在實現願望的過程中，感受到雖然費力，卻充滿幹勁；雖然知道有風險，但仍令人雀躍、迫不及待。

光是整理表面的情感，心靈無法獲得真正的充實。價值觀是內在世界的軸心。一旦認不清自己的價值觀，就會不曉得自己想要做什麼，找不到目標。當我們把價值觀寫下來（如左邊列舉的關鍵字範例），就可以從內在感受到自己重視的事情。

當自己比不過別人、達不到目標數值，或是因別人的評價而感到煩悶時，只要看了這些，就會發現自己的認知或判斷，是不是遠離內心軸心（價值觀），一旦我們的目光回到真正重視的事情上，便能讓內在平靜下來。換句話說，這也有可能會變成心靈的指南針，能常常提醒自己「我重視的是什麼」。

價值觀

自由、感動、玩心、挑戰、安心、安定、和平、一貫性、規律、協調、體貼、人際關係、簡單、平衡、愛、學習、成長、正義、友情、貢獻、誠實、信賴、正直、樂觀、共鳴、合理性、謙虛、正義感、力量、控制、獨立精神、主導權、平穩、舒適、放鬆、美、感性、靈光一閃、直覺、發明、創造、想像、未知的世界、改造、規則、啟蒙、獻身、理解、偉大、高尚、光輝、巔峰、未知、勝負、服務、卓越、影響力、熟練、變化、一體感、職責、領導能力、開心、個性、成功、能幹。

要記住的是，你的價值觀不能侷限在本書的範例上，而是寫下你面對紙張後自然湧現的詞彙，那才是最理想的。就像天然水在大自然湧現一樣，唯有經過自己寫下來的詞語，才會反映自己的價值觀。

請自由的設想關鍵字。就算別人不懂也沒關係，找出適合自己的關鍵字才是最重要的。

另外，除了寫關鍵字，你也可以做成圖解或繪製成圖畫，把內在價值觀表達得更豐富（見一一八頁、一一九頁圖19）。

●價值觀地圖的寫法

首先準備白紙。然後把「對我來說，重要的事情是什麼？」這句話當作核心的問題，然後寫下關鍵字或圖畫呈現。

這時可參考放電與充電日記，以及前面的關鍵字範例。不過，寫出心中自然湧現的詞語才是最好的。

另外，圖解也可以自由發揮。圖19是其他人做的價值觀地圖，敬請參考。透過自由的書寫和圖解，可以把價值觀展現得更豐富。

價值觀地圖的重點

- 從零開始，自由的書寫。
- 回顧放電和充電日記，尋找內心認為符合價值觀的詞語，同時寫下來。
- 也可以圖解或圖畫。
- 改變顏色或畫成插圖之後，能刺激想像力。
- 不要過於拘泥完成度。
- 「對我來說，重要的事情是什麼？」仔細思考這句話。
- 預估耗時十五分鐘。

圖 19　價值觀地圖沒有限定格式，也可做成圖表。

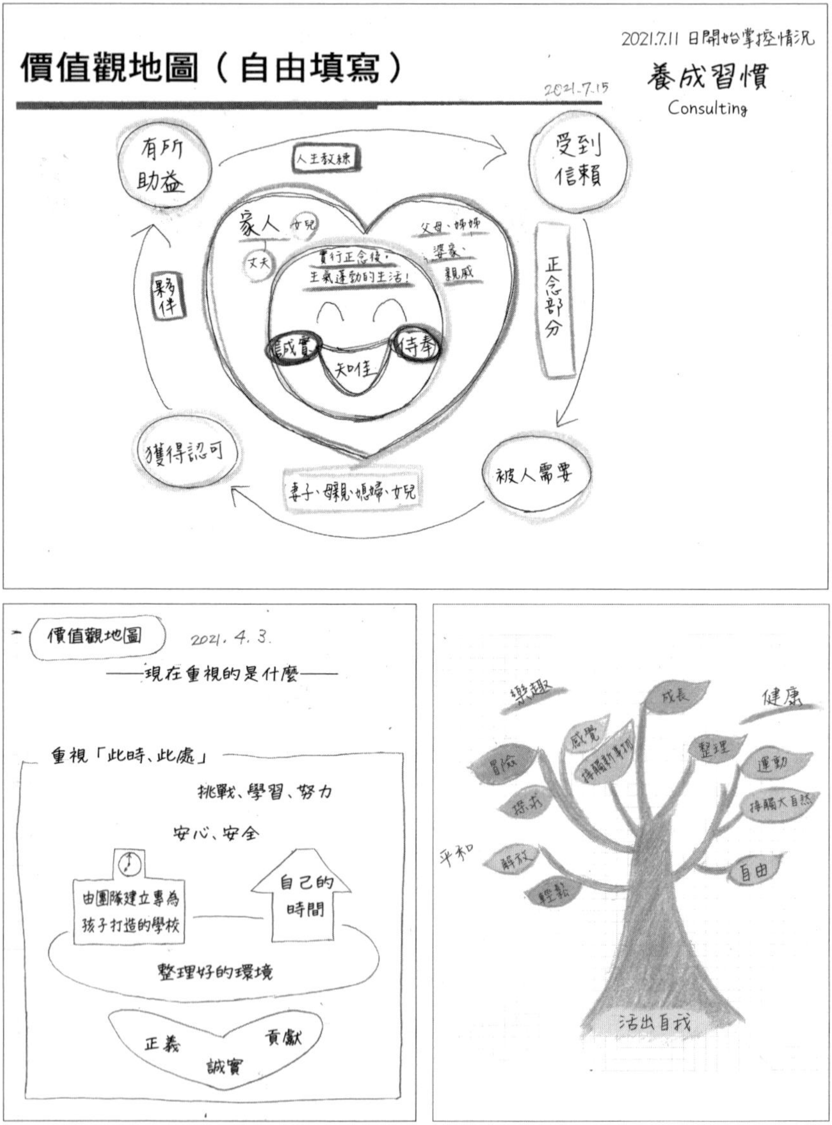

（續下頁）

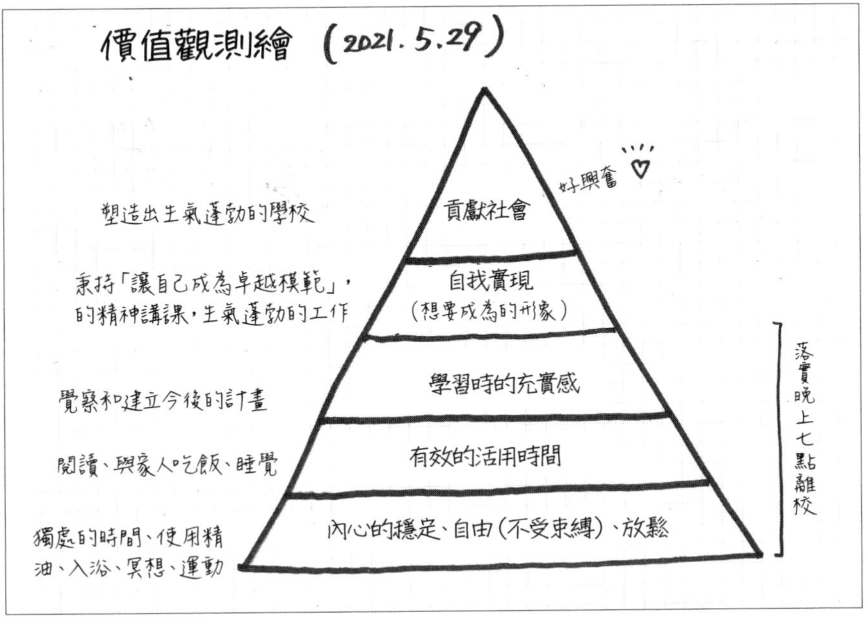
價值觀測繪（2021.5.29）
好興奮
貢獻社會
塑造出生氣蓬勃的學校
自我實現
（想要成為的形象）
秉持「讓自己成為卓越模範」，的精神講課，生氣蓬勃的工作
學習時的充實感
覺察和建立今後的計畫
有效的活用時間
閱讀、與家人吃飯、睡覺
內心的穩定、自由（不受束縛）、放鬆
獨處的時間、使用精油、入浴、冥想、運動
落實晚上七點離校

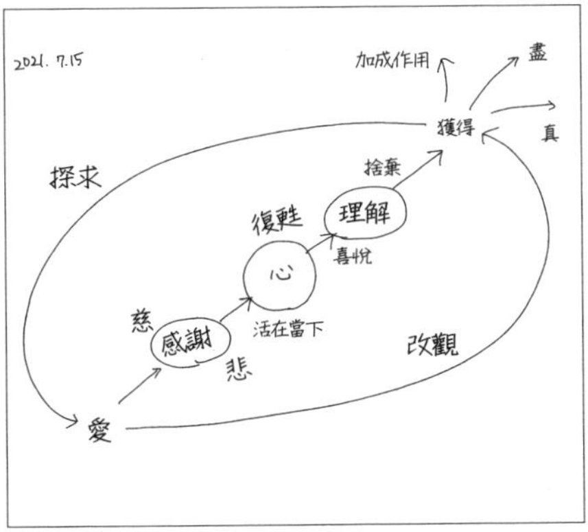
2021.7.15
加成作用
盡
真
獲得
探求
捨棄
理解
復甦
喜悅
心
慈
感謝
活在當下
悲
改觀
愛

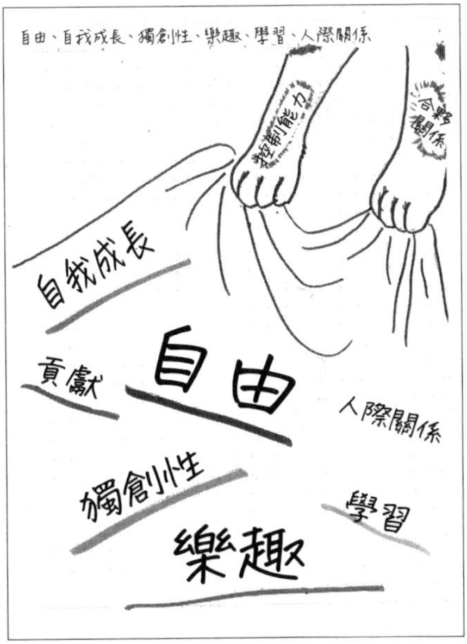
自由、自我成長、獨創性、樂趣、學習、人際關係
控制能力
合夥關係
自我成長
貢獻
自由
人際關係
獨創性
學習
樂趣

三年後，你想過什麼樣的生活？

找到價值觀之後，就要以此為基礎來描繪理想。

釐清理想之後就可以判斷事情的優先順序，看出每天、一星期或一年當中，有什麼重要和不需要參加的活動。

價值觀和理想，就像天文館的投影機和星空的關係。價值觀投影出來的星空就是理想。至於價值觀沒投影出來的理想和目標，就算達成，我們也不會有充實感（見圖20）。

就算有了理想和目標，卻無法行動或持之以恆，並不是毅力的問題，多半是因為目標跟價值觀存在差距。

另外，就算達成沒有根植於價值觀的目標，滿足感也會如海市蜃樓般消失，只留下空虛。讓人忍不住產生「我做這件事，到底是為了什麼？」讓人煩悶的想法。結果，因為無法輕易找出答案，人往往會建立下一個（與價值觀不符的）目標，試圖藉此消除挫折。然而，這麼做只是陷入「達成目標，卻還是感到空虛」的惡性循

圖 20　價值觀和理想的關係，就像投影機和星空。

環，精神上越加難受。前進也是地獄，放棄也是地獄，我就指導過好幾個苦於這種狀態的個案。

脫離這種狀態的關鍵，在於連結價值觀——理想——目標。假如能做到這一點，就可以有源源不絕的動力，不只是結果，從過程中也能獲得充實感。

順帶一提，找出價值觀和理想沒有簡單到只做一次就找到答案。剛開始寫出的東西，一定是曖昧不明，感覺不甚協調。尤其是理想太過抽象，很多人在成功之前都沒辦法寫好。

所以，情感筆記才會加入每個月做一次的書寫整理，從零開始書寫，慢慢弄清楚自己的理想是什麼。

重點不在於完成，而是探索。

想要釐清價值觀和理想願景，必須踏實且不斷的自我對話和實踐，而累積下來的成果，讓人能從自己的心底發現想做的事情。

●理想願景的寫法

那麼，我們該怎麼寫才好呢？

首先，我們要設定「理想的〇年後生活」是什麼樣子，然後寫下讓人感到興奮的未來。

如果你不知道要設幾年，我會建議設定「三年後」。這是我從指導許多個案的經驗，和自己長年撰寫筆記後的心得，而得到的結論。一年後，目標容易變成太現實；五年後，則有很多人想像不出來。想要適當脫離現實，描繪出讓人雀躍的未來，設成三年後正好。

這時，要暫時把理想願景能否成真的現實規畫和考量放到一邊，懷著興奮的心情寫下「想要變成怎樣」、「什麼形象才是理想」，這才是最該重視的事情。與其靠頭腦書寫，不如從「心」出發。不過，要是擔心「自己辦得到嗎？」、「別人看了會笑我吧……」而降低動力，就完全沒有意義了。

既然不是寫給別人看，就不必太在意實現的可能性是高或低。因為該程序最大的目的是要知道自己在追求什麼。

下頁圖21是某個行政人員所寫下的理想願景表單。她在某公司已經工作十五年了，她本來想獨立，成為自由工作者，但由於機會渺茫，讓她覺得寫出這件事很丟臉，但在了解這道程序的用意後，便如實記下來。

當她完成理想願景表單後，「果然自己還是想獨立開業，憑一己之力做點什麼」的願望會越加強烈。上述的想法並非不正視現實，而是她深信這是自己的真正願望。

關鍵在於和內心對話。只要將這些當成近期的目標和行動方向，並付諸實行，就會從自己的內心深處，深刻感受到「這果然是自己真正的理想」。

理想的生活和工作方式，只能從自己內在的聲音找到答案。

圖 21　理想願景表單。

三年後的理想　2025 年 1 月 18 日

以專業人生教練的身分獨立創業，成為自由工作者。
要一個人生活，月收 10 萬日圓。
雖然日子艱苦，但只要存夠錢，就可以過得去。
能獲得自由，並依靠想做的事情維生，真是幸福！

目標 1

提升人生教練技能，幫助百人、確立人生教練的專業地位。

目標 2

獨創生意創業的技巧，學習商業模式、行銷和其他相關技巧。

目標 3

尋找榜樣，找出符合自己理想的人生教練，並向對方學習。

想要描繪理想的三年後藍圖，就要請各位盡情想像，徹底化身成理想的形象，同時回答以下的問題。

- 過著什麼樣的人生？
- 住在哪裡？
- 從事什麼樣的工作和活動？
- 最開心的事情是什麼？
- 這三年來，什麼事讓自己最高興？
- 現在覺得最有幹勁的事情是什麼？
- 興趣是什麼？
- 怎麼度過假日？
- 處於什麼樣的人際關係當中？

其次，為了實現表單上的內容，接下來我們要設定三個目標。

目標就算只寫近期的（三個月或一年以內）也無所謂。只要價值觀——理想——目標的共通點和具體內容增加得越多，你想做的事情就越會變得明確並發展、堅持下去。

當然，大家不可能一下子就寫出完整內容。剛開始寫出三〇%自己能滿意的程度，就算很不錯的開始了。真正具有價值的是，琢磨願景的對話過程。只要按月書寫，一年就有十二次描繪理想的機會。

這樣就可以慢慢描繪出來。

寫完價值觀地圖和理想願景清單之後，你會清楚知道，對自己而言什麼是重要的事。之後藉由實際行動，感受這份清單適不適合自己或是否覺得有違和感，如果有，就內省並改善。

書寫重點

- 觀察價值觀地圖。

- 設定〇年後的理想（以三至五年為標準）。
- 設想令人興奮的理想狀態。
- 描繪時，先盡情的想像，不要深究實現的可能性。
- 寫下最近一年來追求的目標。
- 預估耗時約十五分鐘。

不要想成待辦事項，而是「能做就好的清單」

目前為止，我們藉由影響圖掌握自己容易陷入的情感模式；透過價值觀地圖，掌握自己心目中重要的事物是什麼；還利用理想願景清單，來歸納理想的未來以及目標。

最後的流程則是要根據行動計畫，了解如何改善和實現理想（見下頁圖22）。

因為只有經過實際行動之後，才能藉由體驗和內心反應，強烈感受自己在追求

圖 22　行動計畫，衡量自己怎麼改變生活。

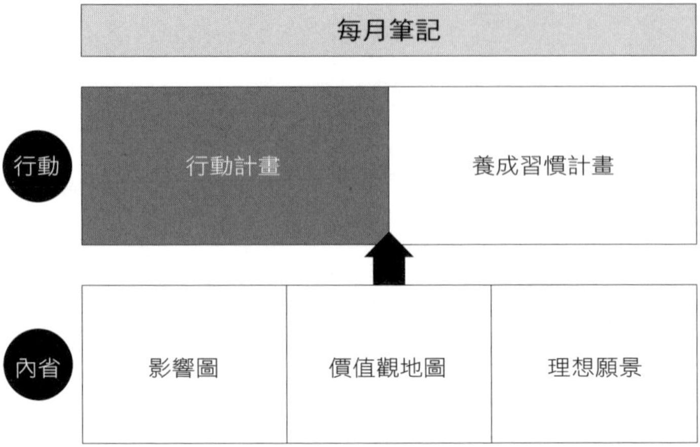

什麼。就像用石蕊試紙測試液體的酸鹼性一樣，有了行動之後，情感、身體及直覺就會出現反應。

換句話說，有實際行動才能真正讓我們完成內省。

我們要根據影響圖、價值觀地圖及理想願景表單的內容，然後寫出下個月的行動清單。

影響圖，幫助我們衡量行動或習慣，以便減少放電，增加充電；而價值觀地圖，則能設想適合的活動，找到自己的價值觀；最後是理想願景清單，要寫出達到理想和目標之前，自己要採取的行動。

此外，行動計畫要以一個月為單位，來思考跟衡量如何改變自己和人生。假設以一天或一星期來算，你的目光只能看見眼前的事物，無法考慮到更久之後的事情，行動會變得小家子氣，無法順利改變。

接下來，請各位依照以下步驟來安排行動計畫。

●步驟1　將想做的事情全部寫下來

首先根據影響圖、價值觀地圖及理想願景表單，以一個月為單位寫下想要的行動（不需要全數執行）。

就如下頁圖23的行動清單所示，思考這一個月想做什麼。想做的事情和做了感覺會很好的事情……總之能想到的就寫出來。重點在於提出。

統統記下來之後，就可以鎖定真正該重視的事和習慣，採取有效行動。

●步驟2　接著分辨重要的事，然後做記號

接著要分辨哪些事情需要全力以赴，然後在重要的地方做記號。要是沒有從慣

圖 23　A 女士的行動清單。

這個月的行動

☆星期一要做斷食瘦身法（每星期）
餐點是沙拉和味噌湯，隔5分鐘再吃主食

・伏地挺身和仰臥起坐各做50次（每天）

☆固定在早上7點至下午3點工作（平日）

・晚上10點就寢（每天）

・早上花30分鐘準備證照考（每天）

・結束大型專案的提案（10/10）

☆開始學習新事物（講座）（10/30）

・逛書店（10/30）

・看一部電影（10/12）

・撥出30分鐘來閱讀（每天）

・跟家人去露營（10/28）

值觀或理想出發，看準哪些事較為重要，就會陷入事事都想做的負面迴圈中。

要做記號的項目，可以根據影響力高、需要專注力，緊急性高來選擇。附帶一提，我在寫行動計畫時，會自問「前三重要的是什麼？」再做記號。

● 步驟 3　寫下何時開始或何時結束

最後是寫下開始或結束的時間。無論是開始動手或完成的日子都沒關係。要是什麼都沒寫，就無法掌握契機。我會替沒做做看就不知何時會結束的工作，制定開工日，假如設定完工日就能湧起幹勁，也會反過來制定完工日。

或許這很像待辦清單，不過請各位把它當成「能做就好的清單」。這裡的關鍵只在於藉由行動的方向，來設想和建立具體計畫。

假如寫下的計畫能切中要旨，就付諸行動，反之，就不必執行。讓動機以自然流露的形式湧現才是關鍵。所以，請各位不要把它當成「一定得完成」的待辦事項清單。

鞭策自己做該做的事情，已經足夠了，若這時還要求「每隔多少時間；固定做多少份量」，只會變得吃力不討好。

當然，假如是列出能讓自己提升幹勁的事情倒好，不過要是寫了很多待辦事項，除了可能因列太多事情而感到無力，也可能因沒能做到而感到遺憾，而變成反效果。最糟的是對自己加諸無用的期待，認為全部都非做不可。

記住，一旦行動清單不符合現實，就先停止。

重點不在於「非做不可的清單」，而是要當成「能做就好的清單」寫出來。

書寫重點

- 步驟 1　想做的事情全部寫下來

①看影響圖，寫下能減少放電、增加充電的改善行動。

②看價值觀地圖，寫下想要做的事情和想戒掉的惡習。

③看理想願景表單，寫下為了完成目標，該採取什麼行動。

- 步驟2　限定在最重要的行動上
鎖定最重要的行動。假如行動清單列了十項，就鎖定其中三項。例如，忙碌時，可以問自己：「要是只能完成一項，該做哪個？」以此決定優先順序。
- 步驟3　設定開工日或完成日
寫下何時開始或何時結束。但不要受待辦事項清單影響，而是藉由具體書寫，審視動機起了什麼變化，想做的事情是否為重要的事情。
- 這個程序預計耗時十分鐘。

不要貪多，一次只改變一件事

圖23的行動清單當中，「一時的行動」和「習慣性活動（每週或每天要做的

圖24　養成習慣計畫，從一天生活中找到平衡。

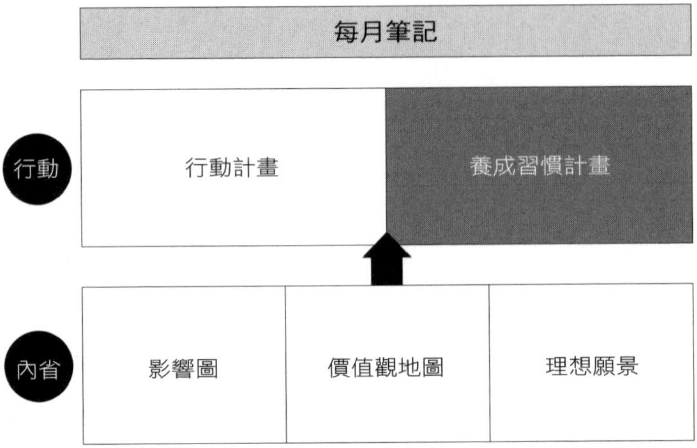

事）」混在一起。這時要制定計畫，以安排習慣性行動。而「習慣養成計畫（見圖24）」就是在一天生活中找出平衡，以便我們能順利養成習慣。

如圖25所示，分別寫出理想和現實兩種行程表作為對照。

首先，從行動清單中，找出習慣性行動，放進理想的行程表裡。其次是寫出當下的現實行程表。最後再調整。

假設，A女士生活中的放電事件，包括睡眠不足（只睡五個小時半）、運動不足、體重增加及長時間加班。而她整理出的行動清單中，包括準備證照考、閱讀、夜間伸展操及撥出自由時

圖 25 A 女士的養成習慣計畫。

理想

	時間	行程表
1	5:00	就寢
2	5:30	
3	6:00	早餐、打扮
4	6:30	
5	7:00	通勤
6	7:30	
7	8:00	準備證照考、閱讀
8	8:30	
9	9:00	工作
10	9:30	
11	10:00	
12	10:30	
13	11:00	
14	11:30	
15	12:00	
16	12:30	
17	13:00	
18	13:30	
19	14:00	
20	14:30	
21	15:00	
22	15:30	
23	16:00	
24	16:30	
25	17:00	
26	17:30	
27	18:00	
28	18:30	通勤
29	19:00	
30	19:30	晚餐（自炊）
31	20:00	
32	20:30	入浴伸展操
33	21:00	
34	21:30	自由時間
35	22:00	
36	22:30	
37	23:00	就寢
38	23:30	
39	0:00	
40	0:30	
41	1:00	
42	1:30	
43	2:00	

現實

	時間	行程表
1	5:00	就寢
2	5:30	
3	6:00	
4	6:30	
5	7:00	早餐、打扮
6	7:30	
7	8:00	通勤
8	8:30	
9	9:00	工作
10	9:30	
11	10:00	
12	10:30	
13	11:00	
14	11:30	
15	12:00	
16	12:30	
17	13:00	
18	13:30	
19	14:00	
20	14:30	
21	15:00	
22	15:30	
23	16:00	
24	16:30	
25	17:00	
26	17:30	
27	18:00	
28	18:30	
29	19:00	
30	19:30	
31	20:00	
32	20:30	通勤
33	21:00	
34	21:30	晚餐
35	22:00	
36	22:30	一直看手機
37	23:00	
38	23:30	
39	0:00	
40	0:30	入浴
41	1:00	看電視
42	1:30	就寢
43	2:00	

間。若把行動清單裡的每件事統統排進行程表，行程表會變成什麼樣子呢？

像這樣將行程列出來之後，就會發現理想和現實的差距。即使在行動清單中列出理想，但若沒考量現實情況，怎麼都無法取得平衡。

為了讓現實行程貼近理想，利用三個月，鎖定重點行動、調整行程，例如想以準備證照考和睡眠為優先，就先捨棄某些行動，如此一來，現實生活就會逐漸貼近理想的生活習慣。

限定、限定、壓低！

想要成功養成習慣，就要留意「限定、限定、壓低！」法則。

第一個限定，是指「一次養成一個習慣」。

舉例來說，你設定一個目標是「每天早起學英文，然後慢跑」，就是錯誤示範，因為同時開始做很多事，最後幾乎都會受挫。

以這個例子來說，就是在學習、早起或慢跑中，先選其中一種來做就好。

第二個限定是決定行動規則，我稱之為中樞行動。比如設定晚上十點要鑽進被窩，晚上八點前要洗澡，晚上六點下班。這麼一來，就可以具體看出關鍵的行動。中樞行動也要盡量簡單鎖定在一、兩件事上。

最後的壓低，則是從小地方開始改善。

假如你希望在晚上六點下班，但現在到晚上八點才能離開公司，很難馬上達成這個目標。這時候你可以做的，是以三十分鐘為單位，在晚上七點半下班，然後慢慢找回掌控權。

另一方面，從晚上十二點就寢，改成晚上十點休息，想必也很不容易，所以，你可以提早三十分鐘，在晚上十一點半鑽進被窩。

假如想改變生活習慣，就要記得「限定、限定、壓低！」法則。

習慣養成計畫的重點

- 步驟 1　寫下理想的行程表。
- 步驟 2　寫下現實的行程表。

- 步驟3　進行「限定、限定、壓低！」法則。
- 預估耗時十分鐘。

與其用頭腦理解，不如藉由書寫用心體會。

如果進行五道程序的過程中，覺得有不順利的部分，不需要太過在意或糾結，只要一步一步解決問題就好了。此外，並非要「做得完美、正確或及時完成」，重點在於探索內心的過程。

此外，要是在這些過程中探求得太過順利，很可能代表你並沒有真正的深入了解自己內心。

不要跟人比，適合自己的最好

我認為養成習慣有一個重要的關鍵字：整合性。意思是自身整體的平衡，能與周圍一切呈現相容狀態。

擁有整合性的人生，自己心中的音調就會和諧。

舉一個例子：改成在早上五點起床。

光是看到這項行動，有些人會覺得早起能完成很多事而感到滿足。但要注意的是，有人因為早起而需要午睡補眠，但睡醒後，需要花一段時間才能重新找回專注力。另外，因改變生活節奏，跟其他家人的作息不同，導致沒時間跟伴侶對話，感情變差也是可以想見的。甚至，還有人自從不再熬夜之後，無法感受到夜晚的自由或刺激，漸漸感覺空虛，人生失去充實感。

生活習慣具備有機體的一面——意思是從自己的思維或情感，到自己與周圍之人的關係互相連動。良好的生活習慣節奏，就是這些連動呈良性循環的整合狀態。

說到整合性生活，我想到小說家村上春樹的行程表（見下頁圖26）。

他每天早起，上午集中精神專心寫作五至六小時才停筆，然後吃午餐，下午再慢跑。

創作類型的工作需要充沛的精力，而維繫精力需要強健的體魄，所以對村上春

圖 26　村上春樹的一日行程表

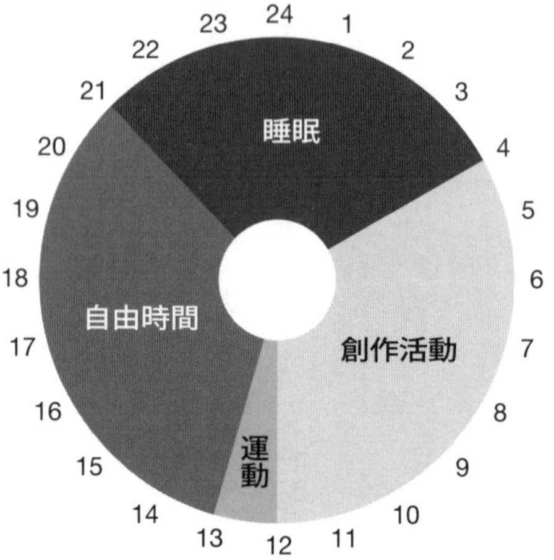

資料來源：NOMAD CREATOR，〈小說家一天的行程表〉。
http:// ノマドクリエイター .net/novelist-one-day-schedule/。

樹而言，慢跑是每天重要的例行公事。到了晚上，他就聽音樂或看書來放鬆，為明天做好準備之後，再早早就寢。

他一直重複過這樣的生活，讓自己有耐力和體力創作長篇小說。雖然創作意欲有起有落，有時還會寫得太多而打亂節奏。但村上春樹在漫長的作家生活中，持續試錯，到最後就發展出這套生活作息了。

當然，這麼規律的生活，對大多數人而言，是很難辦到的。而且適合晨型或夜型生活，因人而異。

配合自己想要重視的標準、家人和工作的行程表，建立最有整合性的習慣節奏，才是最好的。

答案不會只有一個。要記得在生活當中實際實驗，反覆嘗試和犯錯，藉此發現屬於自己的充實生活節奏。

隨心寫出的文字，藏有人生關鍵字

想要發現生活意義，知道自己「為什麼做這件事」，比「知道自己做了什麼」更重要。

我們必須看到事物背後的深層意義。

我以個案三宅隆宏為例，他在七十六歲時參加我的講座。

三宅行動力極強，他曾挑戰很多事，例如登山、油畫、游泳、英文、健行、書法、高爾夫等，但他不管做什麼都不滿足。三宅想要發現生活意義，讓人生再綻放一次光彩，於是前來參加我為期一年的講座。

發現想做的事情和生活意義，並不是單純找到事做就好。關鍵在於能否感受到生活意義的泉源，探尋需求和願望。

三宅藉由書寫整理來探索自我，結果得出「嘗試」一詞，讓他恍然大悟。勇於嘗試是三宅的特質。他之前接觸過投資、事業及多種興趣的原因，就是渴望挑戰。而現在之所以感到不滿足，就是因為對於挑戰的刺激不夠。

三宅打從心底希望能持續嘗試、挑戰。他看重的並非結果，而是不管到了幾歲，都還能時時接觸讓靈魂喜悅的事物。

於是他建立了新的願景：以「希望能延長健康壽命（按：指一個人健康、沒有疾病、且擁有正常社會、生活功能的時間）」、「希望越來越多人老後也能過得有精神」為使命，想在日本進行巡迴演講。

那麼，該怎麼達成這項目標呢？

三宅為了傳遞自己的想法，開始接觸 YouTube，以七十六歲高齡在 YouTube 上亮相。每天錄製影片，並花將近兩小時剪輯。

比起結果，像這樣持續挑戰的過程，才是三宅心目中重要的生活意義。

假如把挑戰（嘗試）當成出發點，看待世界的方式就會改變。

當我們察覺真正重要的事情後，生活方式就變得簡單了。

「過得快活、要活在當下」、「懂得人情世故，知恩圖報」、「誠實生活」、「想要給周圍帶來活力」、「想營造生機蓬勃的職場環境」、「想要和平生活」、「不斷學習」……諸如此類的簡單價值觀，只要能以自己為中心，用短短一句話形容，就會成為生活的動力。

實踐者感言❷

我再也不對自己說「反正我就爛」

——光子（四十幾歲的行政人員）

各種思緒在腦中反覆出現然後消失，讓我感覺自己像是拿著一張不明確的地圖前行。

我以前往往先接收社會上的資訊或趨勢，再根據這些資訊，來判斷自己的想法是對是錯，不曾自己先獨立思考。我毫無自信，覺得沒能配合社會潮流的自己很糟糕，負面想法在腦海中不斷盤旋，一再給自己貼上「反正我就爛」的負面標籤。

經過諮詢後，我根據建議寫下價值觀地圖和理想願景清單，將心中想到的詞彙配置在紙上，原本模糊不清的意念逐漸變得清晰，且一一呈現在眼前（見左頁圖27、第一四六頁圖28）。

自由——當我寫出這個字時，內心深處突然冒出一個聲音，強烈渴求這個字。

我根據這個聲音，接連寫出感受到價值的詞彙，我跟心中的聲音產生了連帶感，相當暢快。

透過價值觀地圖以及理想願景清單，我現在能以客觀的角度來看待事情，具體的行動概念也越來越明確，這讓我感到十分興奮雀躍。

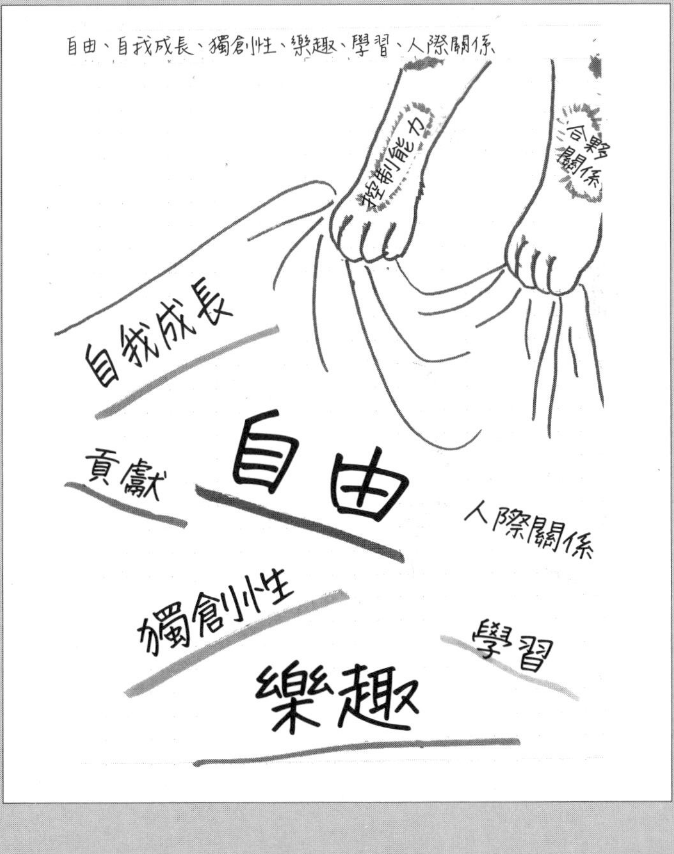

圖 27 光子的價值觀地圖。

圖 28　光子的理想願景清單。

真實目標表單

三年後　2025 年 12 月 31 日（51 歲）

→獨立創業一年，事業上了軌道。
我藉由人生教練加心理諮商的獨門研究和方法，
擴張個人、集團及社群圈。
也積極參與和服與江戶長歌的相關活動。
還透過經營事業輔導他人，成功建立獨特的風格。
並且從事經紀業，找出和發揮（受輔者的）專長和才能。

目標①

替人生教練加上心理諮商的要素，開發和提供以四十幾歲的女性為目標的獨家服務。

目標②

將部分工作自動化。確立和實施不受場所侷限的工作方式。

目標③

撰寫隨筆和出版。連繫自己的本質，過著靈活而充滿喜悅的生活方式。

一個月的行動計畫

→重啟停更的部落格。
構思社團活動的企劃（正在做事的自己最開心，構思時要以這個為重心）。

第
5
章

實踐者的情感筆記範例

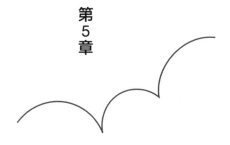

目前為止，我介紹了書寫冥想和書寫整理的寫法和流程，這一章會透過實際範例，讓讀者能掌握更具體的概念。

我們以下面的案例為依據，來看看情感筆記的使用方法。三十八歲的田中麻衣，在一家製造商的人事部工作，跟三歲的女兒和老公三個人一起生活。

以下是她當時的心聲：

我總是感到焦慮、不安及憤怒。

雖然我的工作時數不長，卻一直被做也做不完的工作追著跑。每天下班後，還要到托兒所接女兒回家。女兒不怎麼聽話，也不肯乖乖吃晚餐。到了晚上十點，老公才醉醺醺的回來，看到他這副模樣，讓我忍不住發脾氣。

女兒在某天感冒了，我請了一天假來照顧她。但為什麼就只有我非請假不可？為什麼老公不一起照顧孩子？

為了提升技能而打算準備考社勞士（按：社會保險勞務士的簡稱，指日本代辦社會保險及勞務管理業務的專業人士）證照，我卻完全撥不出時間學習，因此不斷累積挫折。

我的同期升遷當主任，不但參與大型專案，更拿出成果。這讓我感覺就只有自己被拋在原地，沒有成長……此外，自己在人事部負責制度改革，但老是被董事高壓、不講理的意見折騰，其他員工也對我不滿，每天當夾心餅乾，讓人心好累。

我正在做的事情有意義嗎？對員工有好處嗎？

沒辦法從工作中感受意義，我不禁開始想，自己真的適合這份工作嗎？我該做什麼樣的工作才好？我想做的事情又是什麼？自己心目中真正想要的職涯是什麼？

無法接受還算過得去的人生，卻完全判斷不出自己想做的事。而且，家庭跟工作讓我非常忙碌，完全沒有時間獨處，冷靜的面對自己。

心中充斥負面情感，有時還不小心對女兒和老公發火，這讓我更厭惡自己了。

為了幫助麻衣想擺脫這樣的日子，我建議她用情感筆記來整理混亂狀態。

書寫冥想（每日筆記）

剛開始，田中麻衣藉由書寫冥想，全盤托出職場、家庭及心中發生的所有情感後，接著綜觀整體狀況（見左圖29）。

即使她能好好說明雜亂無章的生活，可是情感或碰到狀況並非固定不變，每天都有起伏。所以當她透過書寫冥想，每天寫下放電和充電日記之後，漸漸注意到自己之前不曾察覺到的情況。

接下來要介紹麻衣寫下的充電、放電日記（見一五二頁圖30）。我們可以從紀錄中，發現這些事件和反應有共通模式：養育子女的辛勞、家中發生的事情及對工作感到吃力等占多數；而自我對話則可以看出她的內心活動：因孩子不聽話而覺得焦躁，與老公溝通不足，撥不出屬於自己的時間，以及對忙碌的工作有所不滿。

此外，也能察覺到，如果可以稍微撥出一些時間獨處和學習，這將會成為她的活力來源。

用文字毫不保留的記下每天發生的事件和情感，透過書寫冥想，能釐清現狀、

圖 29 情感筆記第一步：用書寫冥想（每日筆記）來觀察整體狀況。

<table>
<tr><td rowspan="3">書寫整理</td><td colspan="6">每月筆記</td></tr>
<tr><td colspan="3">行動計畫</td><td colspan="3">養成習慣計畫</td></tr>
<tr><td colspan="2">影響圖</td><td colspan="2">價值觀地圖</td><td colspan="2">理想願景</td></tr>
</table>

<table>
<tr><td rowspan="2">書寫冥想</td><td colspan="2">每日筆記</td></tr>
<tr><td>放電日記
（紀錄、自我對話）</td><td>充電日記
（紀錄、自我對話）</td></tr>
</table>

看出改善方向。

麻衣本來就是理性的人，透過記錄，就能整理狀況，客觀的審視自己。

書寫整理（每月筆記）

每天進行書寫冥想，然後每個月做一次書寫整理（見一五三頁圖31）。就如前面介紹過的一樣，書寫整理包含五道程序：影響圖、價值觀地圖、理想願景、行動計畫及養成習慣計畫。整理能幫助我們正視自己，綜觀的看

圖 30　麻衣的每日筆記。

放電	充電
〈紀錄〉 ・女兒睡過午覺，所以晚上比平常晚睡，讓我沒辦法撥出自己的時間。 ・女兒不吃我做的飯。 ・睡覺時被女兒踢好幾次，無法熟睡。 ・早上老公打破餐具，玻璃散落一地。 ・燉肉從鍋子裡溢出來。	〈紀錄〉 ・早上喝了紅茶慰藉自己。 ・點了精油。 ・能一大早起床。 ・買了新玩具，跟女兒玩得很開心。 ・在家悠哉的看書。 ・舒服的泡澡。 ・家人稱讚晚飯很好吃。
〈自我對話〉 煩躁和焦慮最為難受。想要獨處，至少擁有進修的時間。撥不出時間讓人覺得煩悶。照顧女兒也讓我煩躁，沒有時間學習令人不安，無法思考自己的事情。 為了照顧小孩而縮短閒暇時間，不曉得該怎麼做，才能空出獨處時間。女兒的撫育不能等，公司的雜務也很忙，不知道要從哪裡改善生活？	〈自我對話〉 因為很早起床，所以能自由運用時間，感覺真好。只要早上稍微撥出時間，或許就可以靜下心來。 我果然還是想多學習。假如能感受到成長，就能提振心情。短期是進修上的成長，長期則是職涯上的成長。總之我想學習新事物。要不要跟老公說說看，由他幫忙照顧女兒，讓我早上能撥出時間學習呢？

圖 31　情感筆記第二步：書寫整理（每月筆記），找出心中的價值觀。

<table>
<tr><td rowspan="3">書寫整理</td><td colspan="6">每月筆記</td></tr>
<tr><td colspan="3">行動計畫</td><td colspan="3">養成習慣計畫</td></tr>
<tr><td colspan="2">影響圖</td><td colspan="2">價值觀地圖</td><td colspan="2">理想願景</td></tr>
</table>

<table>
<tr><td rowspan="2">書寫冥想</td><td colspan="2">每日筆記</td></tr>
<tr><td>放電日記
（紀錄、自我對話）</td><td>充電日記
（紀錄、自我對話）</td></tr>
</table>

待心中所有念頭。

程序1　影響圖，改善心靈與生活

首先回顧一次一個月分量的每日筆記。接著寫出三個特別有印象的情感關鍵字，以此具體掌握改善重點，知道什麼要減少，什麼要增加。

如下頁圖32所示，麻衣根據以往寫出來的紀錄及自我對話，彙整成影響圖，觀察自己的情感模式。

圖中可知，最讓麻衣消耗精神的是：一想到未來便感到窒息、工作進展不順利、因家庭狀況不如預期而煩躁；而最能使麻衣恢復精力的是，學習、放鬆時間，以及與家人的關係。

她針對寫下來的內容，想出改善方法，例如：因對將來感到窒息，所以找老公分擔早上的工作，保留獨處的時間，每天花十五分鐘探索職涯願景和自我，週末則花三十分鐘，養成面對自己的習慣；假如工作進展不順利，隔天就在電腦開機前，先花十五分鐘安排一天的計畫等。

詳細計畫會在程序4和5介紹。

程序2　價值觀地圖，釐清內在

當我們弄清楚自己的價值觀和理想願景，思考跟行動就能以自己為主，不

圖32　麻衣的影響圖。

容易受他人影響。甚至可以說，這是我們的核心。

當我們具備價值觀和理想願景且兩者又有連繫時，就能清楚自己想變成什麼模樣，以什麼目標生活。

麻衣的價值觀地圖如下頁圖33所示。她回顧以往寫出來的紀錄和自我對話，然後列出幾個對自己而言，特別重要的價值觀關鍵字，包括：自由、創造、邂逅未知、充滿好奇心、共鳴、尊重（人、文化）、餘裕、獨處時光、成長以及「我是我」（獨創性）。

觸及自己心中價值觀的關鍵字，光是看了就會心頭一振。然而，這是否真的是屬於自己的價值觀，內心有沒有共鳴，則要從以下三點驗證。

第一點，一字一句的寫成短文，更能強烈的感受到價值觀。比如麻衣的情況如下：「我希望能自由的創造某些事物，展現出獨特性，在獨處時光中，有餘裕的規畫創作時間。當作品邂逅許多人並引起共鳴，自己的心中便能充滿好奇心，也且有所成長。這樣的活動讓我受到尊重。」

只要像這樣表達出來，麻衣便能感到喜悅，內心深處更認為，要是這件事成功

圖 33　麻衣的價值觀地圖。

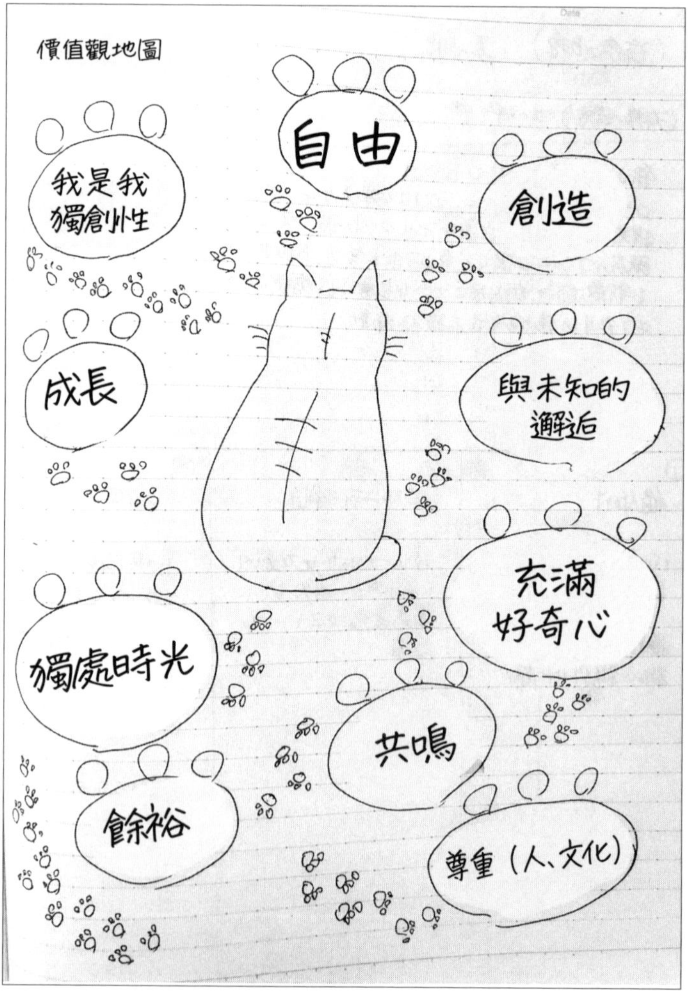

就太好了！

第二點，試著用關鍵字說明現在的狀況。麻衣重新審視自己製作的價值觀地圖，有了這些感想：「出現負面情感，是因為自由受到限制，完全無法發揮獨創性，也沒能獲得別人認可。覺得自己被別人取代，這會降低自我形象。」

於是她就認知到，現在自己重視的價值觀和現實有差距，所以才會這麼難受。

最後一點，是關鍵字是否能套用在最美好的時刻。麻衣寫下五年前充實的回憶：「我籌畫出獨一無二的新人進修講座，在公司內獲得好評。而且在講座現場，還聽到大家開心的說方法很有用。」

她以講師身分上臺，滿足能遇到許多人的好奇心，實際感受到成長。當時因為還沒有孩子，所以平日和假日都可以確保單獨學習的時間。對麻衣而言，這是真正的自由。

為什麼麻衣當時感到滿足，現在卻沒有滿足呢？觀察價值觀地圖，就可以找出原因。

就像這樣，找出混亂的內心和生活方式的原因，麻衣的「自我認知」（自我感受）就有所進展了。

關鍵不在於產出作品，而是在這段過程中不斷自我對話。這麼一來，內在價值觀就會顯現出來。就像星空隨著空氣變清澈而顯露光輝一樣，藉由書寫就會讓內在世界變得清晰。

程序3　寫下投射價值觀的理想願景

接下來要釐清投射價值觀的理想願景。

想改變人生，就要看準自己想朝哪裡走，要變成什麼狀態才是理想。即使價值觀明確，若不清楚自己到底想做什麼，就無法改變生活。

另外，即使靠某些行動或習慣來決定想做的事，只要沒有「不管怎樣，我就是想做這個」的心態，也無法確保行動動力。

麻衣要想消除「對於將來感到窒息」狀態，就少不了探求真正的理想和目標。只要描繪出具體理想，即便每天為了家事、育兒及職場奔波，還是能抓住瑣碎時間不斷行動，朝目標邁進，內心進而獲得充實。

「我想抵達這裡！」假如有這個願望，就可以擺脫窒息感。

麻衣對於「三年後的理想」是這樣設想的：

她想藉由公司的人事制度，來提升員工的工作動機。希望以制度設計負責人的身分與董事溝通協調；她還想在週末活用公司的副業制度，以職涯顧問的身分個別輔導他人。副業能協助麻衣維持自身軸心價值（自己想做的事），此外，副業活動的成果，也可以回饋到本業上，發揮加成作用。

那麼，為了達到理想需要做什麼呢？麻衣的三個目標如下頁圖34所示。

第一個目標是讓公司內部的人事制度盡善盡美。為此，需要學習其他公司的人事制度，堅韌不屈的與董事共同建立自家公司的理想。詳細項目眾多，雖然這裡只寫了目標，但她也想要建立提升大家工作動機的制度，積極參加公司外的研討會。

第二個目標是持續向職業婦女分享平衡工作和生活的方法。這是她身為職涯顧問的個人活動，透過Podcast，每星期分享一次。

第三個目標則是確立職涯顧問的副業定位。她發現自己想要提升「員工幸福感」，於是，她把「提高工作的豐富性」作為使命。

圖 34　麻衣的理想願景清單。

所以不斷向董事提出建議。
另外，我週末會分享職業婦女如何找出

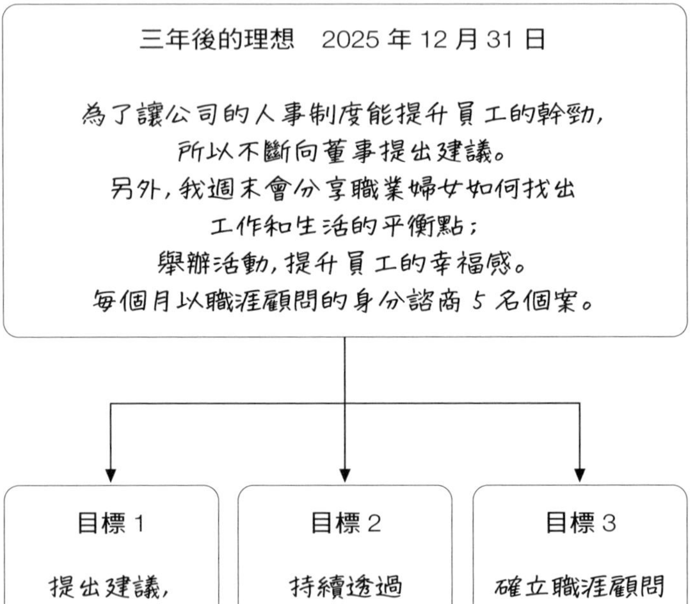
改善公司內部
的人事制度。
Podcast 分享
職業婦女的
工作和生活
的商業模式。

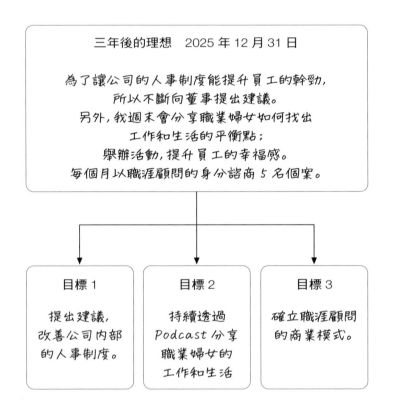

當價值觀或理想變得明確時，對將來感到窒息的情況就會減少，懷抱希望。以麻衣的情況來說，就是把以往覺得被迫要做的人事制度改革，看作是「提升員工的幸福」，便成功賦予挑戰的意義。

除此之外，麻衣在這段過程中，感受到自己總是先責怪他人的思維，慢慢變成以自己為主體來思考，例如：自己可以提出什麼建議、自己能學到什麼。

雖然每天還是忙於工作和家庭，內心的充實感卻遠遠提高。

程序4　行動清單，寫下執行重要事項

讓我們回頭看看麻衣寫的影響圖（一五四頁圖32）。上面記著影響感情的負面因素：對將來感到窒息、覺得被拋在原地，以及因為無法掌控生活而煩躁。為了追求改善心靈和生活狀態，有必要減少放電，增加充電。對麻衣來說，現在能做的改善方案，就是確保擁有屬於自己的時間。

她因此和老公商量，早上五至七點，由老公負責餵女兒吃飯跟換衣服，讓麻衣有時間專注學習；晚上則由麻依哄女兒睡覺，然後就寢，這麼一來，她就可以在早上四點起床，以撥出時間做書寫冥想、準備證照考、分享資訊或做其他事情。

為了達成目標，麻衣列出自己該採取的行動，如購買有關人事制度的書籍、向部長提交人事制度改善方案、用 Podcast 分享資訊……然後她選出自己心目中特別重要的三件事，並打上星號。結果如左圖35所示。

程序5 養成習慣計畫：依照時間軸來寫

一般來說，若現實生活過於混亂，一定無法朝理想前進。不過，當我們把現狀以及理想一一列出來，並整理成時間表，就可以慢慢改善生活。

麻衣希望自己能按照行動清單上所寫，確保早上擁有進修時間。為此，她寫出的理想行程表（見一六四頁圖36）。她衡量自己若要準備考證照和做職涯規畫，就必須在早上四點起床，這樣才能確保自己有兩個小時可以用。

另一方面，為了在四點起床，她還逆推哄孩子睡覺或晚餐的時間要怎麼設一定。麻衣沒有犧牲睡眠時間，而是決定減少飯後看電視或滑手機的時間，跟孩子一起早早入睡。

圖35 麻衣的行動清單

這個月的行動

・花30分鐘準備證照考（每天）

☆晚上看15分鐘晨間連續劇，
轉換心情（每天）

・早上5～7點，
由老公幫忙照顧女兒（每天）

・報考社勞士（10/11）

・每星期發布一次Podcast（每週五）

☆仔細調查人事制度的問題，
向部長提出自己的建議案（10/20）

・購買人事制度的書籍（10/1）

・為了讓做飯變得有效率，週末會訂定菜單，
事先弄好（每週日）

・進行15分鐘的書寫冥想（每天）

☆月底進行書寫整理（10/30）

圖 36　麻衣的習慣養成計畫。

理想

※4時起床

	時間	行程表
1	5:00	進修、鑽研職涯
2	5:30	
3	6:00	
4	6:30	
5	7:00	早餐、打扮
6	7:30	
7	8:00	通勤
8	8:30	
9	9:00	工作
10	9:30	
11	10:00	
12	10:30	
13	11:00	
14	11:30	
15	12:00	
16	12:30	
17	13:00	
18	13:30	
19	14:00	
20	14:30	
21	15:00	
22	15:30	
23	16:00	通勤、接女兒
24	16:30	
25	17:00	購物、準備餐點
26	17:30	
27	18:00	用餐、洗澡
28	18:30	
29	19:00	家人歡聚時間
30	19:30	
31	20:00	邊哄女兒睡覺邊就寢
32	20:30	
33	21:00	
34	21:30	
35	22:00	
36	22:30	
37	23:00	
38	23:30	
39	0:00	
40	0:30	
41	1:00	
42	1:30	
43	2:00	

現實

	時間	行程表
1	5:00	就寢
2	5:30	
3	6:00	陪女兒
4	6:30	
5	7:00	
6	7:30	
7	8:00	通勤
8	8:30	
9	9:00	工作
10	9:30	
11	10:00	
12	10:30	
13	11:00	
14	11:30	
15	12:00	
16	12:30	
17	13:00	
18	13:30	
19	14:00	
20	14:30	
21	15:00	
22	15:30	
23	16:00	通勤、接女兒
24	16:30	
25	17:00	購物、準備餐點
26	17:30	
27	18:00	用餐、洗澡
28	18:30	
29	19:00	
30	19:30	
31	20:00	哄女兒睡覺
32	20:30	
33	21:00	看電視、玩手機
34	21:30	
35	22:00	
36	22:30	
37	23:00	就寢
38	23:30	
39	0:00	
40	0:30	
41	1:00	
42	1:30	
43	2:00	

藉由列出時間軸，就可以看出該加入行程或捨棄哪些安排。對比現狀和理想行程表，也可以明確看出她需要跟老公談談，彼此怎麼分擔家務。

實際上，麻衣和老公分擔家務，擠出證照考的進修時間後，不但能邁向目標，還充實度過每一天。或許速度絕對稱不上令人滿意，但在擁有向前邁進的時間之後，以前感受到的煩躁或窒息感就大幅減少了。

第6章

用寫的冥想，持續就是力量

最後要針對「養成書寫習慣」做總結（見左圖37）。

本書介紹的情感筆記，藉由加入短期、中期及長期的觀點，以整理內心、改變人生為設計目的。

首先介紹的書寫冥想——每天寫放電和充電日記——是短期觀點。透過手寫來整理並淨化每天的感情，請將它視為一套方法持續施行。

其次介紹的書寫整理，則是中期觀點。每個月花一小時與自己進行深度對話，利用五道程序：影響圖、價值觀地圖、理想願景、行動計畫及養成習慣計畫，來自我探索。逐月累積之後，就會慢慢看到自己期盼的人生。

最後的養成習慣，是站在更長遠的觀點，追求自我探索和進步。人生的旅程很長，當自己隨著年齡漸而成長，理想或目標也會改變。現在的理想不見得跟五年後的理想一樣。

我接觸的個案，不是只有每天或每個月這樣的短期變化，而是一年、三年、五年後都有改變。看著他們，我總是深受感動。而且更加相信，一個人的可能性比當事人想像的還要大。

圖 37　情感筆記的最後一個步驟：養成習慣。

STEP 1	STEP 2	STEP 3
書寫冥想	書寫整理	養成習慣
一天 15 分鐘	一個月一次	三個月一次
放電與充電	5 步驟回顧之前的筆記內容	反覆內省與行動，力求進步

這一章想強調的是，書寫不會只讓我們意識問題，而是不斷重複書寫然後實際展開行動，我們就能逐漸成長。

行動之後，價值觀就會更明確，理想和目標也會越來越清楚。只要逐步行動，讓自己建立自信、提升自我形象，就能勉勵自己追求更高層次的人生。

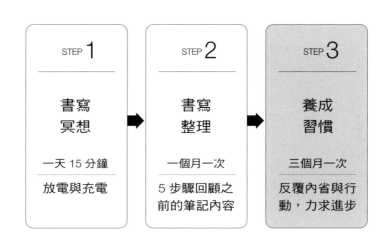

想要進步，就要記得站在長遠的觀點來思考。

如下頁圖38所示，成長並不是直線上升，而是到某個階段會趨緩。這時候，有人會覺得自己在同一個地方打轉，於是陷入迷惘。但唯有繼續寫下去，才能找到突破口、擺脫停滯感，一

圖 38　改變人生的「書寫習慣」。

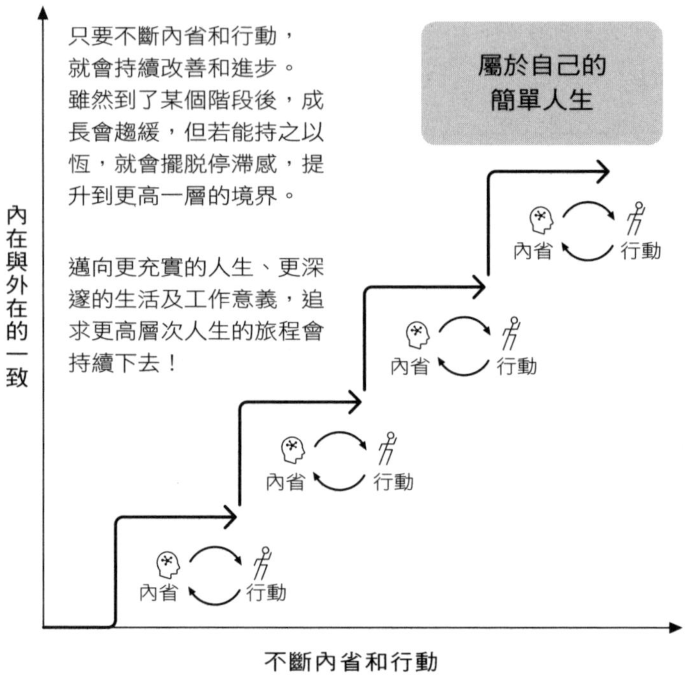
只要不斷內省和行動，
就會持續改善和進步。
雖然到了某個階段後，成長會趨緩，但若能持之以恆，就會擺脫停滯感，提升到更高一層的境界。
邁向更充實的人生、更深邃的生活及工作意義，追求更高層次人生的旅程會持續下去！
屬於自己的
簡單人生
內省
行動
內省
行動
內省
行動
內省
行動
內在與外在的一致
不斷內省和行動

口氣提升自我認知，找到重要價值觀或目標。

寫情感筆記，應證了「持續就是力量」。

接下來會介紹，藉由書寫提升自我的五個階段。另外，我們還會分享養成習慣的方法，以什麼頻率持之以恆，以便有效進行自我對話，提升自我認知能力。

心中想做的事情越來越清楚

自我探索和成長是長期的過程。人在探求某件事物，實現願望之後，就會產生更高層次的需求，邁向下一個目標。

經過成長，我們的理想、目標及幸福也會跟著提升和變化。可以說，我們在人生各階段都需要深入自我對話，持續自我探索。

現在來看持續寫筆記後，會歷經什麼樣的成長過程。

為了養成書寫習慣，不只是眼前的工作，還要了解成長的整體樣貌，才能長期持續賦予行動意義。流程就如下頁圖39所示，共有五道步驟。

圖 39　養成書寫習慣的 5 個成長流程。

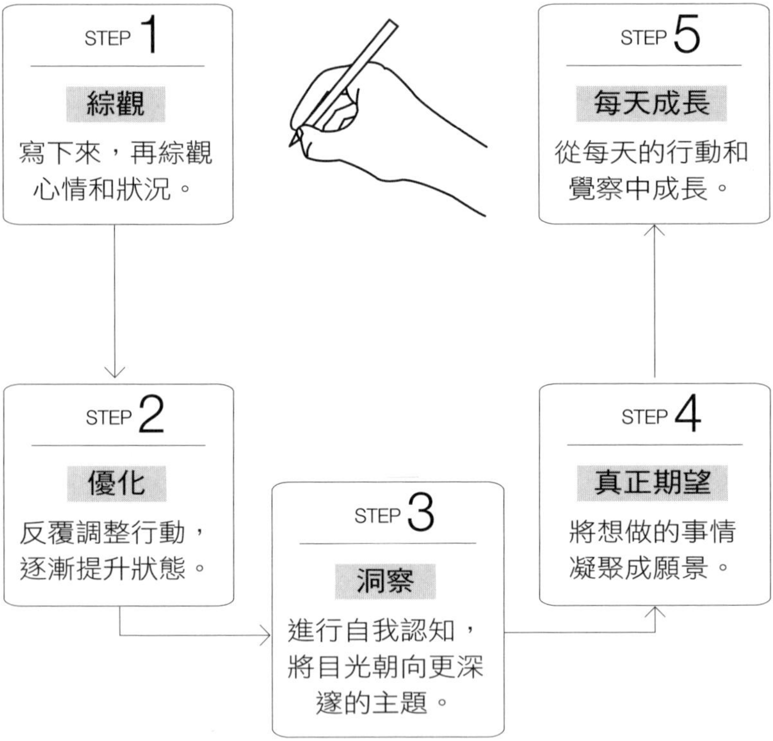
STEP 1
綜觀
寫下來，再綜觀心情和狀況。
STEP 2
優化
反覆調整行動，逐漸提升狀態。
STEP 3
洞察
進行自我認知，將目光朝向更深邃的主題。
STEP 4
真正期望
將想做的事情凝聚成願景。
STEP 5
每天成長
從每天的行動和覺察中成長。

就像禪修藉由坐禪來追求內心平靜一樣，我認為要真正的實現自我，就需要「書寫」，這也是為什麼我會開發情感筆記這套方法。

接下來，我要介紹成長循環模式，中間會穿插前一章的麻衣案例來解說。

1. 綜觀：寫下來，再綜觀心情和狀況

第一步，直接寫出實際發生的事情以及產生的情感。綜觀自己的心情後，再進行後設認知。例如，前文提到，麻衣做的第一件事就是做書寫冥想。她藉由這個動作，將負面事件、情感及幾近混沌的思維狀態，統統轉化成文字。

麻衣從書寫冥想和影響圖當中，清楚得知自己內心為什麼會產生混亂，要養成什麼習慣才會建立心靈的秩序。她發現自己的難題是被只有自己停留在原地，無法掌控周圍的事。

2. 優化：反覆調整行動，逐漸提升狀態

若想調整行動，記得從容易改變的事物著手，聚焦自己可以掌控和馬上就能做

的事情上。不能馬上處理或無能為力的事情，要放在下一個階段。

只要先從能做的事情做起，就可以改善你當下的狀態。最容易展開行動的方法，是先「改變一%」就好。除此之外，我建議時間要控制在十五分鐘左右。也就是說，從十五分鐘就能辦到的事情開始。假如想做的事情也以十五分鐘為單位來進行，那麼，即使在忙碌的日子裡，也能確保有時間可用來做想做的事。

這個步驟，是透過些微改變和改善，幫助我們漸漸掌握自己內心狀態及生活狀況，重新找回掌控感。

當負面能量過多時，要盡可能的改善內心的狀況。我在做人生教練時就會注意這一點。

3. 洞察：進行自我認知，將目光朝向更深的主題

藉由步驟2製造良好的狀態後，我們的目光接著要朝向深層情感了。我們要探索內心深處的需求、願望及價值觀等情感。

麻衣的情況，是發現到自己「有完美主義的傾向」、「想照自己的步調前進，但每件事都脫離她的控制」、「想做些什麼，卻無法發揮熱情」、「想要獲得成就感，卻事事虎頭蛇尾」、「想要一個人好好思考」等。

這些願望、需求以及挫折，就像錯縱複雜的生命系統一樣難以掌握。沒有人從早到晚能維持一樣的心情，整天下來，多半會感到煩躁、不安、歡樂、放心、焦慮、自我厭惡及其他諸多情緒。

藉由步驟 1 找出的深層情感，就是多種情緒的發源處。

4. 真正期望：將想做的事情凝聚成願景

這個步驟是根據自我對話，描繪將來的發展，以此察覺自己接下來想做什麼。整合想做的事情，便能釐清行動方向，提升內心充實感

麻衣的理想是以職涯顧問的身分獨立創業，為此找到的方向，就是在現在的人事部累積經驗。

5. 每天成長：從每天的行動和覺察中成長

不論是誰，都不會突然就知道自己的理想或想做的事。而是在試錯中，不斷的假設和驗證，才能慢慢弄清楚理想和想做的事。順帶一提，人在有了各種的經歷後，會逐漸成長，除了想法或感受會產生變化，理想跟想做的事情也會跟著改變。

以麻衣的案例來說，現在的目光聚焦在能提出或做什麼案子等問題上，想馬上獨立創業的念頭就緩和下來了。與其一直對董事表達不滿，不如專注自己辦得到的事情，最後就會發現該做的工作。

持續書寫後，自己心中真正想做的事會越來越清晰。就算工作還是受到他人影響，但她發現自己的使命是「提出建議案讓幸福工作的人增加」，於是這就成了精神上的支柱。

她今後仍會持續探索和成長。

我也像這樣自我探索超過十五年，我的理想和目標會隨著自身成長而改變和發展。所以我才會不斷做情感筆記，進而在工作和生活上忠於「當下的自己」所追求的東西。

「今年一定要……」為何老是做不到？

相信很多人都在年初時，都建立目標「今年一定要……」，結果到了年末，卻因為什麼都沒做到而感到後悔。

沒能順利達成目標的實際原因有兩點。

一是沒有回顧。一個人即使寫再多目標，一旦忙起來，往往也就忘了目標。目標如此，習慣亦然。要是沒有回顧，就不會意識到自己忘了目標，也難以持續。

二是要在一年中靠計畫提升、維持及管理專注力，並非易事。

因此，我建議回顧要以三個月為週期，而非一年。只要將一年分成四個時段：一月至三月、四月至六月、七月至九月及十月至十二月，就擁有四次回顧的機會，還能根據狀況來調整做法。

所以我設計養成書寫習慣要每三個月回顧一次，思考接下來三個月要做什麼。因此，我又把養成書寫習慣，稱為每季筆記（見下頁圖40）。就算剛開始三個月什

圖 40　養成書寫習慣（每季筆記），讓你不遺失目標。

<table>
<tr><td rowspan="2">書寫習慣</td><td>每季筆記</td></tr>
<tr><td>GPS 回顧</td></tr>
</table>

<table>
<tr><td rowspan="3">書寫整理</td><td colspan="3">每月筆記</td></tr>
<tr><td colspan="2">行動計畫</td><td>養成習慣計畫</td></tr>
<tr><td>影響圖</td><td>價值觀地圖</td><td>理想願景</td></tr>
</table>

<table>
<tr><td rowspan="2">書寫冥想</td><td colspan="2">每日筆記</td></tr>
<tr><td>放電日記
（紀錄、自我對話）</td><td>充電日記
（紀錄、自我對話）</td></tr>
</table>

麼都沒做到，也要回顧，換個心情然後重新出發。

每季筆記不以年為單位，而是按季度行事才有效。因為三個月不會太長也不會太短，容易讓許多人專心。

該步驟的做法是「GPS 回顧」。GPS 是好事（Good）、壞事（Problem）及接下來要怎麼做（Solution）的英文開頭字母所組成。接下來我會詳細介紹。

1. Good：三個月以來的好事

如柴嘉尼效應說明的一樣，人往往會聚焦在做不到的事情上，而非做到的事情。為了避免注意力一直放在不好的事情上，所以，每季筆記的最一開始，就從寫好事開始，包括能做到的事、小小的成長、覺察、學習及其他正面的事物等。

三個月可以反省很多事，先從 Good 開始，藉由提出類似下頁範例的問題，然後手寫記下回答，將這份正向情感轉變為成就感，形成邁向下一輪三個月的動機。

提問範例

- 高興的事情、開心的事情、做到的事情是什麼？什麼事情讓你成長？
- 值得感謝的事情、覺察到的事情、歷經了什麼好事？

2. Problem：寫壞事、做不到的事，健全的反省

其次是把焦點放在反省之處，寫出壞事、做不到的事，後悔及其他負面的事物。健全的反省有助於我們觀察下一個行動和改善方向。

我們要找出應當好好反省的事情。

提問範例

- 想做卻沒能做的事情，不順利的事情是什麼？

- 失敗的事情，不獲認可的事情，後悔的事情是什麼？

3. Solution：寫出下一輪三個月的行動

最後是要釐清改善行動。寫下Good中持續保持的事，以及針對Problem中要反省之處，要採取什麼行動來改善和解決。

提問範例

- Good當中持續保持的地方是什麼？
- 要採取什麼行動來改善和解決Problem中列出來的問題？

以麻衣的情況來說，GPS回顧如下頁圖41所示。

圖 41 麻衣的 GPS 回顧。

Good

- 參加職涯顧問的研討會。
- 比起以前，越來越能早起了。累計進修 50 個小時。
- 再次發現自己喜歡職涯和員工福祉的相關議題。
- 建立報酬制度。雖然為此每天都很艱苦，但結束之後，發現自己學到很多。
- 錄製和上傳 12 支 Podcast。

Problem

- 現在很猶豫該繼續留在公司，還是去新環境做事。
- 工作上沒能改善與上司和董事的關係。
- 家事偷懶。
- 睡眠不足讓身體很難受。
- 吸收很多知識，卻很難產出。
- 40%的行動計畫沒有達成。

Solution

- 與公司以外的人商量自己的職涯。
- 以職涯顧問的身分持續發布 Podcast。
- 將籌畫新人事制度，加上職涯動力來源的意義。
- 要找 20 位員工進行職涯面談。
- 一天睡 6 小時以上。
- 跟老公輪流照顧孩子，星期天上午撥出時間思考自己的職涯。

工作也好，私生活也好，回顧的核心就是要思考好事、壞事以及想想看，接下來要怎麼行動。

回顧三個月的紀錄，重新觀看行程表之餘，也要每三個月趁做每月筆記時間，寫一次「GPS回顧」。比如說，只要訂在三月底、六月底、九月底及十二月底就會很好記了。

書寫方式指南

- Good：寫出好事。
- Problem：寫出沒能做到的事情和反省之處。
- Solution：寫出下一輪三個月要做什麼。
- 預估耗時十五分鐘。

三種實踐方案，自由任選

目前為止已經講解過書寫冥想、書寫整理及養成書寫習慣。

然而，並不是每個步驟都得做。

做到什麼程度會根據自身狀態或目的而異。假如過於堅持完美，擺出所有事情都必須完成的態度，反而會受挫。

所以，我依照需求，提供三種方案，作為你實踐的指南。

●輕鬆方案：藉由書寫整理內心

書寫，能療癒自己和修復身心。

若想整理每天雜亂無章的思緒，只要不斷做書寫冥想（每日筆記），就能讓自己平靜下來。這也是為什麼許多人藉由充電、放電日記，就能整理和改善內心。

另外，如果希望更簡單的開始，可以只先寫充電、放電日記中的紀錄就好。

●標準方案：整理心靈和生活

想要整理心靈、情感及改變生活習慣的人，我會建議，除了每天做書寫冥想（每日筆記），還要寫書寫整理（每月筆記）當中的影響圖和養成習慣計畫。藉由影響圖得知哪些事情最讓自己情緒低落，再藉由每個月整理養成習慣計畫，進一步調整生活習慣。

這種情況下，花二十分鐘就能寫完每月筆記。

●完整方案：想要尋找人生當中想做的事情

假如是像本書開頭介紹的江畑或前一章的麻衣一樣，身心陷入混亂，每天都不知道自己想做什麼的人，我會建議實踐完整課程。

不只要持續進行書寫冥想和書寫整理，也要做養成書寫習慣（每季筆記）。三個月後，你會隱約發現有哪裡不同；六個月後，生活會有所變化，一年後則可以實際感受到自身成長。

我用方格筆記本寫情感筆記

各位可以自由挑選筆記本和筆來做情感筆記。不過硬要說的話，素色或方格筆記本用起來比較方便。

以下介紹我的做法，僅供參考。

如左圖42所示，我會使用兩本筆記本。

第一本是Maruman公司的Mnemosyne A5方格筆記本，用來做書寫冥想。書寫冥想需要每天寫，所以我用容易攜帶和取出的筆記本。不過，如果你是屬於會寫出很多東西的類型，使用大型筆記本也完全沒問題。

第二本是共七十頁的A4方格筆記本，用來做書寫整理。這裡選用比較大本的筆記本，是因為這樣才有空間能寫下問題跟思考內容，以便回顧包含過去一年分的紀錄。另外，多花一點錢買質感好的筆記本，比較容易提升自己的書寫意願。

把書寫冥想和整理寫在同一本筆記本，必須來回對照，很麻煩費事。為了方便歸納，所以我準備兩本筆記本：只要在書寫冥想用的筆記本旁邊，放書寫整理用的

圖 42 我使用的筆記本和筆。

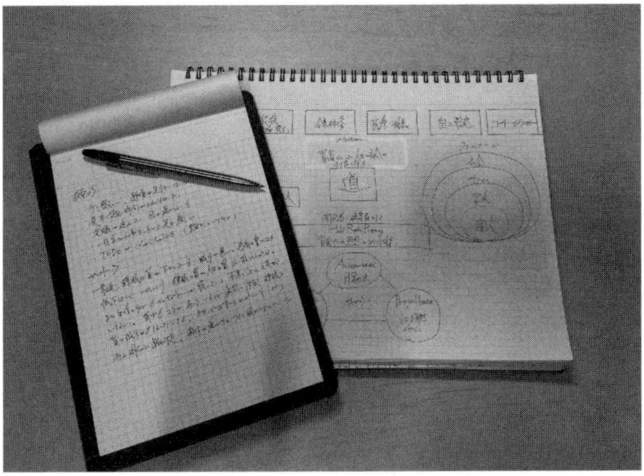

筆記本就好。

書寫用筆則是使用〇．三八公釐的 Frixion Ball。筆太粗，能寫的空間就會受限，〇．三八公釐的筆可以寫很多。細筆也適合用來做圖解。顏色方面，要準備黑紅色兩支筆跟黃色、橙色螢光筆，用來強調關鍵字或重點項目。

另外，雖然本書推薦用手寫，但沒有全面否定數位工具。Apple Pencil 之類的數位筆寫起來也很順手。另外還有人為求迅速無壓力，而用電腦打字輸入書寫冥想的內容。即使這樣，傾吐的效果也很足夠。

不過，在進行書寫整理時，我推薦

手寫到筆記本上。就像前文所述，假如用數位工具代替手寫，就會降低情感筆記的效果。

養成習慣至少需要三十天

最後要介紹的，是為了養成書寫習慣，該怎麼持之以恆的祕訣。

學英文、寫家計簿、早睡早起、整理收拾、戒菸、節食、運動、準備證照、儲蓄、節約、寫日記……即使下定決心「這次一定要做到！」最後往往失敗。為什麼會這樣？

這是因為「習慣引力」。人類本能抗拒新的變化，想維持常態（見圖43）。對人類來說，變化就是威脅，常態才讓人感到安全又安心。

不過，一旦把某事變成習慣，這件事就會變成常態。但想變成習慣，需要戰勝一開始的抗拒感。

若想養成書寫習慣大約需要三十天。接下來我要介紹三個祕訣，教你如何戰勝

圖 43　人拒絕新的變化，想維持常態。

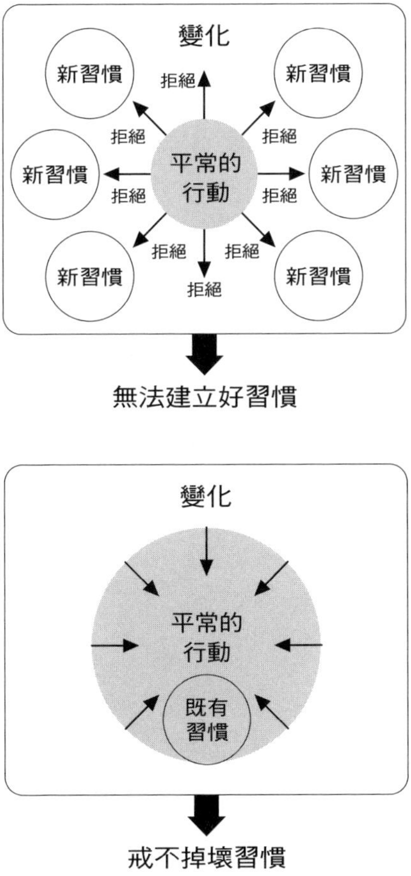

當大腦持續認知某事物的存在時，就會產生習慣。

抗拒感。

祕訣1　從「小」開始

持之以恆的祕訣，就是從簡單的、能做到的部分開始。

在行動之前，人最提不起精神，但一旦開始之後，動力就會湧上，就是所謂的「好的開始是成功的一半」。即使如此還是沒幹勁的話，人就會放棄。

懂堅持的人擅於從「小」開始行動。例如，設定「每天跑步一小時」的目標，剛開始時不要逞強，逼迫自己一定要做到，而是從「健行十五分鐘」起步。慢慢習慣之後再改為跑步，拉長時間，採取不同的行動模式。

只要像這樣從小目標著手，就可以持之以恆，不會輸給抗拒感。

這裡有兩個訣竅：一是縮短時間。比如花十五分鐘整理房間、花十分鐘讀書、花二十分鐘跑步。二是降低難度。像是只先整理一個房間、讀書的話就先看一頁、不跑步，而是健行等。

我把書寫冥想設計成一天花十五分鐘進行，就是為了讓人能每天輕鬆且持續的做。假設沒有時間進行，花五分鐘寫一行字也可以。慢跑、學英文、節食及早起也一樣，想看看，要怎麼從「小」開始做。只要在剛開始的一週，每天踏實的行動，就能戰勝抗拒感，一下子變得輕鬆起來。

祕訣2　決定時機

其次是決定時機：何時、何處、做什麼事。

習慣，在某種程度上來說，具有固定的規律，很少案例是在一天中隨機選某個時刻進行。

我每天早上花十五分鐘進行書寫冥想（每日筆記），是因為在晨間寫字來開啟一天，會讓人心情舒暢，所以就這樣做。我建議不知道什麼時候寫筆記的人，可以安排早上做書寫冥想。當然，選擇的時機因生活方式或喜好而異，重點是找出自己覺得不錯的時間點。

至於書寫整理（每月筆記），各位不妨事先決定地點和預定行程，像是「第四個星期六的早上」或「在星巴克寫」。時機是養成習慣行動的命脈，請各位先決定好時機，再按照計畫來進行書寫整理。

祕訣3　建立最高和最低的標準

最無法堅持的，是擁有完美主義思維的人。是零分還是一百分，是黑或白，要做還是不做，一旦思考這些問題就很難有所行動，要是連續好幾天中途做不下去，往往會一蹶不振。

養成寫情感筆記的習慣也一樣。假如能按照計畫執行固然理想，但我們總有幾天會從早就忙著工作，沒有辦法寫。

雖然書寫冥想的目標是每天進行，但沒有必要為了一星期有兩、三天沒做而感到挫折，只要調整行動然後繼續進行就好了。

習慣，是把規律帶進生活、工作及人生的準則。要是準則過於嚴苛且死板，人很難堅持下去。另一方面，要是沒設定標準，就容易因為忙碌而忘記。所以，我建議要建立雙重標準：「最高準則」和「最低準則」，讓習慣擁有彈性。相信看了範例之後會比較好懂，在此介紹給大家。

書寫習慣

最高準則：每天早上花十五分鐘進行書寫冥想。

最低準則：一天各寫一行充電、放電紀錄。

工作習慣

最高準則：固定在下午五點半結束工作。

最低準則：最晚要在晚上七點半以前，讓工作告一段落。

運動習慣

最高準則：一天走一萬步。

最低準則：用計步器測量走多少。

類似這樣，就能配合每天的身體狀況和時間來做調整，減少一事無成的日子。這正是養成習慣最重要的事情。

要順利養成習慣，就要設定最低和最高準則。

只要一個月，內心就有舒暢感

目前為止，已經介紹完情感筆記，最後則要告訴各位堅持的重要性。

雖然為了讓人能養成習慣，前文介紹了推薦的寫法和時機，不過，其實只要找到自己做起來順手的方法就可以了。

因為關鍵不在於方法，而是持之以恆。

我們為了改變人生，試圖增進知識或技能。

原以為一旦碰到困難，新知識會告訴自己怎麼打破僵局，新技能會以戲劇化的方式來解決煩惱。然而，就算知識或技能可以提升你的能力，也沒有力量能從內在改變你自己。

最重要的是，提升自我認知能力，釐清價值觀和願望，以此描繪出屬於自己的人生。所以，與其拚命學習技能或知識，不如先面對自己、深入了解自己。

提升認知是一條漫長的道路，就像一層一層的剝開洋蔥一樣，我們需要一步一步貼近自己的核心和深層。

假如追求結果時，沒有「求穩不求快」的決心，就不會順利探索自我。

書寫冥想和書寫整理都是不起眼的工作。然而堅持會成為力量，假如持續三個月、半年、一年及三年，情況會變得怎麼樣呢？

我以前在新聞上，看到一個故事：東京某個地區的髒水河花了二十年變乾淨。二十年前充滿淤泥和垃圾的骯髒河川，復甦為清澈的河流，甚至有香魚棲息在此，這種變化真令人驚訝。

當地居民期盼能讓孩子在河川附近遊玩，於是發起淨河活動。清澈河流就是居民們一步一腳印的努力成果。

我認為心靈也是如此。

或許剛開始你的心中充斥各種負面情感或欲求，藉由持續書寫和實際行動，就會像水質改善的河一樣清澈，能清楚看見自己想要珍惜的事物。

追求結果時不要求快，而要踏踏實實埋頭苦幹。

一個月就會產生舒暢感，三個月生活習慣就會改變，六個月思考習慣也有所變化，假如持續一年，心中就會培養出堅定不移的自信，做超過三年，人生就會逐漸改變。

聚焦在自己的情感上，反覆內省和行動，持續探索屬於自己的生活方式。關鍵是不要心急，以及今天起從「小」開始改變。

後記

情感筆記，是為了真實面對自己

「我的風格是什麼？」
「什麼才算真正的自我實現？」
「幸福是什麼？」

為了探索自我，我開發了情感筆記，並在本書中介紹給各位。自我，只有自己才能找到答案。因此，除了養成自我對話和行動的習慣之外，沒有其他捷徑，這也是本書想傳達的事。

知名心理學家卡爾．羅哲斯說，人類會為了實現自我，將自己的可能性和能力，發揮到極限。

我從人生教練的經驗出發，同意人類具有積極成長和成熟的意圖。另一方面，我也很明白有些人沒有自信、忙碌、生活混亂或其他環境因素而展現不出自我，覺得人生停滯不前，令人窒息。

正因為人類想成長，所以這份停滯感和窒息感才更加令人難受。為了擺脫這個局面，我希望各位能持續書寫，習慣面對自己。哪怕是微薄之力，我也期盼這本書能幫助你藉由用寫的冥想法，發現自我風格和幸福，走上真正的自我實現之道。

你就是「最深沉的願望」。

有了願望，就會產生意志。

有了意志，就會產生決心。

有了決心，就會產生行動。

而行動，將決定你的命運。

這段話出自印度最古老的文獻《奧義書》（按：*Upanisad*，這段話出自《奧義書》中的〈大森林奧義書〉〔*Brhadaranyaka Upanishad*，又譯〈廣林奧義書〉〕：「人確實由欲構成。按照欲望，形成意願。按照意願，從事行動。按照行動，獲得業果。」此處的引文與原文略有出入）。

我也認為改變一個人的力量是願望。假如能察覺內心中最深沉的願望，並把它納入目標中，就會如這句箴言所說，產生意志、決心及行動，命運就會逐漸改變，進而獲得豐實人生。

我透過幫助當事人改變行動並養成習慣來活出自我，讓對方的潛在可能性開花結果。關鍵不在於正解或答案，而是過程，是自我探索的習慣。

為求能真正做到自我實現，最有效且最簡單的習慣，就是用寫的冥想法。

最後，我要感謝牛尾惠理、關知佳、光子、滿田、御路美、江畑、麻衣及三宅願意讓我分享經驗。謝謝養成習慣團隊和各位受輔者提供諸多支援。還有，從企劃本書到執筆過程，我十分感激編輯市川有人先生不斷的提出建議。

期盼這本書能引導你實現自我。

| 附錄 |

情感筆記完整操作指南

<table>
<tr><td rowspan="2">書寫習慣</td><td>每季筆記</td></tr>
<tr><td>GPS 回顧</td></tr>
</table>

<table>
<tr><td rowspan="3">書寫整理</td><td colspan="6">每月筆記</td></tr>
<tr><td colspan="3">行動計畫</td><td colspan="3">養成習慣計畫</td></tr>
<tr><td colspan="2">影響圖</td><td colspan="2">價值觀地圖</td><td colspan="2">理想願景</td></tr>
</table>

<table>
<tr><td rowspan="2">書寫冥想</td><td colspan="2">每日筆記</td></tr>
<tr><td>放電日記
（紀錄、自我對話）</td><td>充電日記
（紀錄、自我對話）</td></tr>
</table>

書寫冥想

每日筆記，進行約十五分鐘，共五個步驟。

步驟1 1分鐘

冥想

- 設定計時器。
- 閉上眼，深呼吸，靜下心來。

步驟2 3分鐘

放電紀錄

- 寫出降低內心能量的事件及其負面情感。

- 從根處挖掘不安、糾葛、焦慮、自我厭惡、憤怒、自卑感，以及其他情感關鍵字。
- 條列式寫下來。
- 要寫五項左右。

步驟3 4分鐘

放電自我對話

- 問自己：「現在最厭惡和最難受的是什麼？」然後寫下來。
- 不要多想，寫出內心湧現的話語。
- 沒必要所有事情都寫下來，深有感觸的事才是重點。
- 接著把內心湧現的話語寫成文章。

步驟4 3分鐘

充電紀錄

- 寫出會提振心情的事件及其正面情感。
- 開心、高興、感謝、成長及其他瑣碎的事情也要寫下來。
- 條列式寫下來。
- 要寫五項左右。

步驟5 4分鐘

充電自我對話

- 自問：「現在覺得最棒的事情是什麼？」然後寫下來。
- 將內心的話語寫成文章。
- 內心被正向情感填滿，那份感受是最棒的。

放電	充電
〈紀錄〉 ・昨天工作到晚上 9 點，加班時間很長。 ・吃很多炒飯和拉麵。完全沒有節制。 ・看太多影片，影響睡覺時間和品質。 ・昨天只睡 5 小時，身心沒能好好休息。 ・托福考試就快到了，我卻完全沒辦法進修英文。	〈紀錄〉 ・很快改好提案。真暢快！ ・跟孩子一起悠閒的吃早餐和聊天。 ・在早上建立好計畫並執行。效率變好了！ ・終於撥出時間讀書了！ ・晚上喝了啤酒！真好喝。現在我會規定自己只能喝三瓶啤酒。
〈自我對話〉 生活非常忙碌卻沒有成就感。雖然喜歡目前從事的工作，但專案多到我沒時間享受每個案子的樂趣。 沒有成就感也讓我感到焦慮。害怕漏了事情沒做，我有忘了什麼嗎？	〈自我對話〉 我能深切感受到與工作夥伴之間的良好關係，也能感受到我們有同樣的熱情。這令我感到充實。 此外，對我來說共同創造很重要。讓人忍不住覺得，結交的對象應該要找能分享深刻想法的人。

書寫整理

每月筆記，進行約一小時，有五道程序。

程序1　10分鐘

繪製影響圖，找出情感模式

- 回顧一個月的充電、放電日記（紀錄和自我對話）。
- 用螢光筆替頻率較多的行動和情感做記號。
- 根據記號多寡和帶給內心的實際感受，分別寫出三項放電和充電條目。
- 將更重要且影響力更強的條目，放在正中央，圓圈畫大一點。
- 格式自由書寫，無須過於嚴謹。
- 並非做一次就好，而是要定期寫下來，同時掌握內心的傾向。

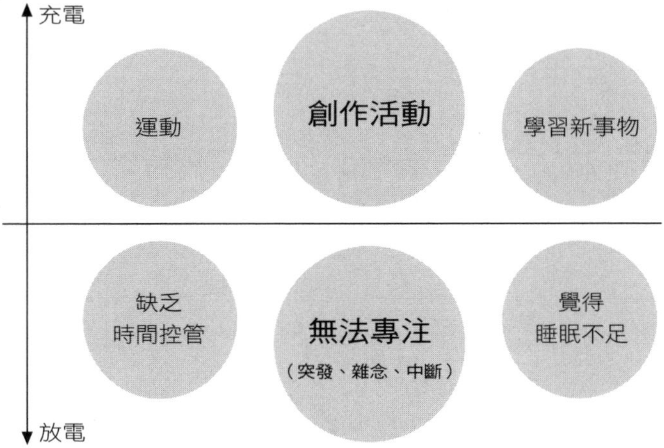
充電
運動
創作活動
學習新事物
缺乏
時間控管
無法專注
（突發、雜念、中斷）
覺得
睡眠不足
放電

程序2 15分鐘

藉由「價值觀地圖」建立判斷標準

- 根據放電和充電日記，寫下自己重視的價值觀。
- 閱讀放電和充電日記，尋找內心認為符合價值觀的言詞，同時寫下來。
- 圖解或圖畫也可以。
- 改變顏色或畫成插圖之後，就會刺激想像力。
- 「重要的事情是什麼？」藉由該問題，不斷感受內心想法。
- 不要太拘泥於價值觀地圖的

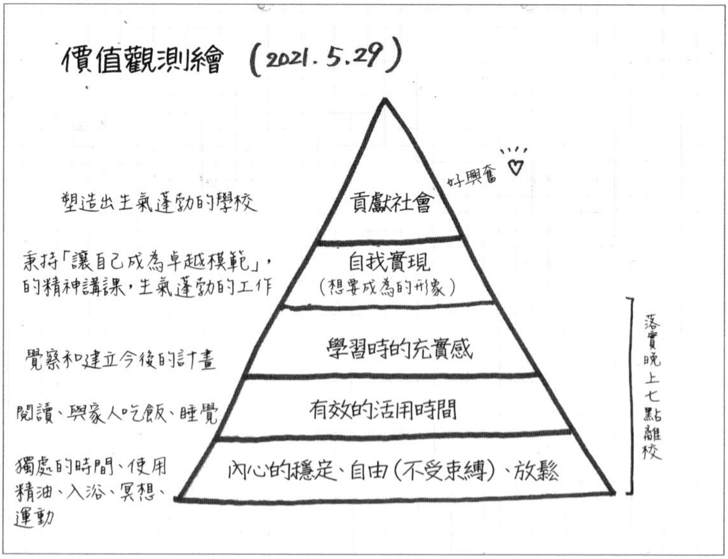

完成度。

程序3　15分鐘

描繪「理想願景」

- 觀察價值觀地圖。
- 設定〇年後的理想（以三至五年為標準）。
- 設想令人興奮的理想狀態。
- 描繪想要建立的形象，不要深究實現的可能性。
- 寫下三個近期追求的目標。

三年後的理想　2025 年 1 月 18 日

以專業人生教練的身分獨立創業，成為自由工作者。
要一個人生活，月收 10 萬日圓。
雖然日子艱苦，但只要存夠錢，就可以過得去。
能獲得自由，並依靠想做的事情維生，真是幸福！

目標 1

提升人生教練技能，確立人生教練的專業地位。

目標 2

做生意創業的技巧，學習商業模式、行銷和其他相關技巧。

目標 3

尋找榜樣，找出符合自己理想的人生教練，並向對方學習。

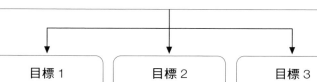

程序4　10分鐘

藉由「行動計畫」逐步改變現實

〔步驟1〕

想做的事情全部寫下來

1. 看影響圖，寫下減少放電，增加充電的改善行動。
2. 看價值觀地圖，寫下想要做的事情和想戒掉的惡習。
3. 看理想願景表單，寫下邁向目標的行動。

〔步驟2〕

限定在最重要的行動上

- 專注於三項重要行動（決定優先順序）。
- 問自己：「要是只能完成一項時，會做什麼？」

這個月的行動

☆星期一要做斷食瘦身法（每星期）
餐點是沙拉和味噌湯，隔5分鐘再吃主食

・伏地挺身和仰臥起坐各做50次（每天）

☆固定在早上7點至下午3點工作（平日）

・晚上10點就寢（每天）

・早上花30分鐘準備證照考（每天）

・結束大型專案的提案（10/10）

☆開始學習新事物（講座）（10/30）

・逛書店（10/30）

・看一部電影（10/12）

・撥出30分鐘來閱讀（每天）

・跟家人去露營（10/28）

〔步驟3〕

寫下開工日或完成日

- 決定開始動手或完成的日子。
- 藉由反覆書寫認知現實。

程序5 10分鐘

藉由「養成習慣計畫」逐漸改變每一天

〔步驟1〕

寫下理想的行程表

- 首先以充足的睡眠時間為前提，從就寢和起床的時間開始填。
- 接著要填入自己想要做事和想要珍惜的時間。
- 最後要分配工作時間。

理想

	時間	行程表
1	5:00	就寢
2	5:30	
3	6:00	早餐、打扮
4	6:30	
5	7:00	通勤
6	7:30	
7	8:00	準備證照考、閱讀
8	8:30	
9	9:00	工作
10	9:30	
11	10:00	
12	10:30	
13	11:00	
14	11:30	
15	12:00	
16	12:30	
17	13:00	
18	13:30	
19	14:00	
20	14:30	
21	15:00	
22	15:30	
23	16:00	
24	16:30	
25	17:00	
26	17:30	
27	18:00	
28	18:30	通勤
29	19:00	
30	19:30	晚餐（自炊）
31	20:00	
32	20:30	入浴伸展操
33	21:00	
34	21:30	自由時間
35	22:00	
36	22:30	
37	23:00	就寢
38	23:30	
39	0:00	
40	0:30	
41	1:00	
42	1:30	
43	2:00	

現實

	時間	行程表
1	5:00	就寢
2	5:30	
3	6:00	
4	6:30	
5	7:00	早餐、打扮
6	7:30	
7	8:00	通勤
8	8:30	
9	9:00	工作
10	9:30	
11	10:00	
12	10:30	
13	11:00	
14	11:30	
15	12:00	
16	12:30	
17	13:00	
18	13:30	
19	14:00	
20	14:30	
21	15:00	
22	15:30	
23	16:00	
24	16:30	
25	17:00	
26	17:30	
27	18:00	
28	18:30	
29	19:00	
30	19:30	
31	20:00	
32	20:30	通勤
33	21:00	
34	21:30	晚餐
35	22:00	
36	22:30	一直看手機
37	23:00	
38	23:30	
39	0:00	
40	0:30	入浴
41	1:00	看電視
42	1:30	就寢
43	2:00	

- 假如上述的事項超出時間負荷，就要決定哪些安排需要刪除。

〔步驟2〕

寫下現實的行程表

- 大致寫下一天通常的模式。
- 注意「與理想比較時，大幅改變的部分是什麼？」
- 理想和現實的落差需要靠時間對策來彌補。假如問題出在工作，可試著提升工作速度；假如問題出在私生活，可以嘗試找人幫忙。

〔步驟3〕

進行「限定、限定、壓低！」

- 一次養成一個習慣就好。
- 限定在簡單的行動規則上。
- 徹底壓低行動的門檻（從「小」開始）。

養成書寫習慣

每季筆記，三個月做一次GPS回顧，時間控制在十五分鐘左右。

① Good

寫出三個月來的好事

- 高興的事情、開心的事情，做到的事情是什麼？讓你成長的事情是什麼？
- 值得感謝的事情，覺察到的事情，歷經的好事是什麼？

② Problem

寫出反省之處

- 想做卻沒能做的事情，不順利的事情是什麼？

Good	Solution
‧參加職涯顧問的研討會。 ‧比起以前，越來越能早起了。累計進修 50 個小時。 ‧再次發現自己喜歡職涯和員工福祉的相關議題。 ‧建立報酬制度。雖然為此每天都很艱苦，但結束之後，發現自己學到很多。 ‧錄製和上傳 12 支 Podcast。	‧與公司以外的人商量自己的職涯。 ‧以職涯顧問的身分持續發布 Podcast。 ‧將籌畫新人事制度，加上職涯動力來源的意義。 ‧要找 20 位員工進行職涯面談。 ‧一天睡 6 小時以上。 ‧跟老公輪流照顧孩子，星期天上午撥出時間思考自己的職涯。
Problem	
‧現在很猶豫該繼續留在公司，還是去新環境做事。 ‧工作上沒能改善與上司和董事的關係。 ‧家事偷懶。 ‧睡眠不足讓身體很難受。 ‧吸收很多知識，卻很難產出。 ‧40%的行動計畫沒有達成。	

- 失敗的事情，不獲認可的事情，後悔的事情是什麼？

③ Solution

寫出下一輪三個月的改善行動

- Good 當中持續保持的地方是什麼？
- 根據 Problem 的反省之處，要採取什麼行動改善和解決？

國家圖書館出版品預行編目（CIP）資料

用寫的冥想法：寫下不安，問題就會從「該怎麼辦」變「就這樣辦」。每天 15 分鐘情感筆記，超過五萬人證實有效！／古川武士著；李友君譯 . -- 初版 . -- 臺北市：大是文化有限公司，2023.02
224 面 ; 14.8×21 公分 . --（Think；251）
ISBN 978-626-7192-95-5（平裝）

1. CST：生活指導　2. CST：成功法

177.2　111019339

Think 251

用寫的冥想法

寫下不安，問題就會從「該怎麼辦」變「就這樣辦」。
每天 15 分鐘情感筆記，超過五萬人證實有效！

作　　者／古川武士
譯　　者／李友君
責任編輯／陳竑悳
校對編輯／黃凱琪
美術編輯／林彥君
副總編輯／顏惠君
總 編 輯／吳依瑋
發 行 人／徐仲秋
會計助理／李秀娟
會　　計／許鳳雪
版權主任／劉宗德
版權經理／郝麗珍
行銷企劃／徐千晴
行銷業務／李秀蕙
業務專員／馬絮盈、留婉茹
業務經理／林裕安
總 經 理／陳絜吾

出 版 者／大是文化有限公司
臺北市衡陽路 7 號 8 樓
編輯部電話：（02）23757911
購書相關資訊請洽：（02）23757911 分機 122
24 小時讀者服務傳真：（02）23756999
讀者服務 E-mail：dscsms28@gmail.com
郵政劃撥帳號：19983366 戶名：大是文化有限公司

法律顧問／永然聯合法律事務所
香港發行／豐達出版發行有限公司
Rich Publishing & Distribution Ltd
香港柴灣永泰道 70 號柴灣工業城第 2 期 1805 室
Unit 1805, Ph.2, Chai Wan Ind City, 70 Wing Tai Rd, Chai Wan, Hong Kong
Tel：21726513　Fax：21724355
E-mail：cary@subseasy.com.hk

封面設計／孫永芳
內頁排版／邱介惠
印　　刷／鴻霖印刷傳媒股份有限公司
出版日期／ 2023 年 2 月 初版
定　　價／新臺幣 360 元
I S B N ／ 978-626-7192-95-5
電子書 ISBN ／ 9786267251058（PDF）
9786267251065（EPUB）

Printed in Taiwan

KAKU MEISO
by Takeshi Furukawa

Original Japanese language edition published by Diamond, Inc.
Traditional Chinese translation rights arranged with Diamond, Inc.
through Keio Cultural Enterprise Co., Ltd., Taiwan.